DU PLACEMENT, DE L'ENTRETIEN ET DE L'ÉDUCATION

DES

ENFANTS ASSISTÉS

THÈSE POUR LE DOCTORAT

Présentée et soutenue le lundi 23 janvier 1899, à 1 heure

PAR

Charles BATAULT

AVOCAT A LA COUR D'APPEL

PARIS

LIBRAIRIE NOUVELLE DE DROIT ET DE JURISPRUDENCE

ARTHUR ROUSSEAU

ÉDITEUR

14, RUE SOUFFLOT ET RUE TOULLIER, 13

1899

DU PLACEMENT, DE L'ENTRETIEN ET DE L'ÉDUCATION

DES

ENFANTS ASSISTÉS

THÈSE POUR LE DOCTORAT

L'ACTE PUBLIC SUR LES MATIÈRES CI-APRÈS

Sera soutenu le lundi 23 janvier 1899, à 1 heure

PAR

Charles BATAULT

AVOCAT A LA COUR D'APPEL

Président : M. R. JAY.

Suffragants : { MM. BERTHÉLEMY, SALEILLES, } *professeurs.*

PARIS

LIBRAIRIE NOUVELLE DE DROIT ET DE JURISPRUDENCE

ARTHUR ROUSSEAU

ÉDITEUR

14, RUE SOUFFLOT ET RUE TOULLIER, 13

1899

A MES PARENTS

A MES PROFESSEURS

A MES AMIS

BIBLIOGRAPHIE

Administration générale de l'Assistance publique à Paris en 1889, 1889.

Baylac. — Des enfants assistés (*Thèse de doctorat*), 1895.

Béquet. — Régime et législation de l'assistance en France, 1885.

Block. — Dictionnaire d'administration française (Enfants assistés).

Bonde. — De la condition civile des enfants abandonnés (*Thèse de doctorat*), 1883.

Bonjean. — Congrès international de la protection de l'enfance, 2 vol. 1884.

Bonzon. — Cent ans de lutte sociale. La législation de l'enfance, 1789-1894. 1894.

Brueyre. — Les services publics de protection de l'enfance, 1886. — De l'éducation des enfants assistés et des enfants abandonnés en France, 1889.

Bulletin officiel du ministère de l'Intérieur, depuis 1838, précédé du *Recueil des circulaires et instructions émanées du ministère de l'Intérieur*, de 1790 à 1837.

Bulletin de la Société internationale pour l'étude des questions d'assistance, années 1890 et suiv.

Cauwès. — Cours d'économie politique, 4 vol., 1893.

Coffignon. — L'enfant à Paris, 1889.

de Crisenoy. — *Annales des assemblées départementales*, années 1892 et suiv.

Demolombe. — Cours de Code Napoléon, 1867-1882.

Didierjean. — Enfants assistés (*Thèse de doctorat*), 1881.

Dubois. — Etude historique sur la protection de l'enfance (*Thèse de doctorat*), 1888.

Ducrocq. — Cours de droit administratif, 2 vol., 1881.

Enquête ouverte en 1860 sur les enfants assistés, 1862.

Exposition universelle de 1889. — Congrès international d'assistance, 2 vol., 1889.

de Gérando. — De la bienfaisance publique, 4 vol., 1839.

d'Haussonville. — L'enfance à Paris, 1879.

Lagrange. — Des enfants assistés en France (*Thèse de doctorat*), 1891.

Lallemand. — Histoire des enfants abandonnés et délaissés, 1885.

Lamartine. — Discours sur les enfants trouvés, 1838.

Limouzin-Lamothe. — Guide du médecin inspecteur de la première enfance, 1886.

Marjolin. — Etude sur l'état actuel de la protection de l'enfance, 1891.

Métérié-Larrey et Drimon. — De l'administration des enfants assistés, 1897.

Milhaud. — De la protection des enfants sans famille, 1896.

Monod (Henri). — Rapport au ministre de l'Intérieur sur les enfants assistés. Fascicules 48 et 49 du Conseil supérieur de l'assistance publique et *Revue philanthropique*, numéros de septembre 1898 à janvier 1899.

Napias. — L'assistance publique dans le département de Sambre et Loire, 1890.

Pandectes françaises (Assistance publique).

Rapports sur le service des enfants assistés du département de la Seine, présentés par M. le directeur de l'administration générale de l'Assistance publique à M. le préfet de la Seine.

Rapports de l'inspecteur principal au préfet de la Seine, sur le service des enfants assistés.

Remacle. — Hospices d'enfants trouvés en Europe, 1838.

Remy. — Des enfants abandonnés (*Thèse de doctorat*), 1886.

Répertoire de jurisprudence de Dalloz (Secours publics).

Répertoire de droit administratif (Assistance publique).

Revue des établissements de bienfaisance, années 1892 et suiv.

Savouré-Bonville. — Réflexions sur le fonctionnement et le rôle de l'assistance publique en France, 1893.

Say et Chailley. — Dictionnaire d'économie politique (Enfance).

Semichon. — Histoire des enfants abandonnés, 1880.

Sénat. Session 1892. — Projet de loi sur le service des enfants assistés.

Simonet. — Traité élémentaire de droit administratif, 1897.

Strauss. — L'enfance malheureuse, 1896.

Terme et Monfalcon. — Histoire des enfants trouvés, 1840.

Thulié. — Les enfants assistés de la Seine, 1887.

de Tourdonnet. — De l'éducation des enfants assistés par la charité publique, 1861.

Travaux de la commission des enfants trouvés, 2 vol., in-4°, 1850.

Viala. — Assistance de l'enfance pauvre ou abandonnée, 1892.

DU PLACEMENT, DE L'ENTRETIEN ET DE L'ÉDUCATION

DES

ENFANTS ASSISTÉS

INTRODUCTION

SOMMAIRE. — Objet et plan de la thèse. — Caractère de l'assistance aux enfants sans famille : 1º elle est légale ; 2º elle est départementale. — Faudrait-il en faire un service national ?

Nous nous proposons d'étudier, dans ce travail, tout ce qui est relatif à l'entretien, au placement et à l'éducation des enfants assistés.

Nous entendons désigner, par cette expression, les enfants que la loi du 15 pluviôse an XIII place sous la tutelle des commissions administratives des hospices ; ce sont ceux-là aussi que le décret de 1811 répartit en trois catégories, dont il donne les définitions : les trouvés, les abandonnés et les orphelins. Fréquemment, sous la dénomination d'enfants assistés, on désigne encore les enfants dits secourus et les moralement abandonnés ; les premiers restent chez leurs mères auxquelles les départements allouent un secours, ils ne sont pas sous la tutelle de l'assistance ; les seconds existent légalement depuis la loi du 24 juillet 1889, mais la situation qui oblige l'assistance à les prendre sous sa protection est toute différente de celle des assistés proprement dits.

Notre titre indique que notre intention n'est pas d'examiner toutes les questions qui se posent au sujet des enfants assistés. Nous ne nous occuperons pas des divers modes d'admission, nous n'exposerons pas les controverses non encore éteintes entre les partisans et les adversaires du tour, ni les arguments présentés pour ou contre la réclamation du bulletin de naissance par ceux qui acceptent le système du bureau ouvert. Nous ne parlerons qu'incidemment des ressources et des dépenses du service.

Un court exposé de la situation des enfants délaissés, dans l'Ancienne France, de la Féodalité à la Révolution, nous servira d'entrée en matière ; une énumération des lois, décrets ou simples décisions ministérielles, qui ont vu le jour depuis un siècle et constituent la législation actuelle, viendra ensuite ; nous trouverons ainsi l'occasion de critiquer, dès le début de notre travail, cette législation incomplète et confuse et de noter les différents essais de réforme et de codification qui ont été tentés. Cela fait, nous aborderons le commentaire des textes fondamentaux par l'examen des définitions que les articles 2, 5 et 6 du décret du 19 janvier 1811 nous fournissent des trois catégories d'enfants assistés : les trouvés, les abandonnés et les orphelins pauvres.

Quelle que soit la catégorie à laquelle le pupille de l'assistance appartienne, les règles suivies pour son entretien, son placement, son éducation, sont uniformes. Il séjourne d'abord à l'hospice dépositaire, de là il est envoyé dans une famille à la campagne. Comment est-il traité à l'hospice? Quels sont les principes généraux du placement? Nous répondrons à ces deux questions, puis nous suivrons le pupille depuis son plus jeune âge jusqu'à sa majorité, nous le verrons successivement en nourrice, en pension, en apprentissage : ce sont là trois périodes bien distinctes de sa vie, qui feront chacune l'objet d'un chapitre. A propos des deux dernières, nous aurons à parler spécialement de son éducation : de 6 à 13 ans, il va à l'école, de 13 à 21 ans, il acquiert l'instruction professionnelle. Que pourrait-on tenter pour améliorer son sort? Nous en dirons quelques mots.

Les salaires pour l'entretien de l'enfant ne sont payés que pendant les deux premières périodes, de 1 jour à 13 ans ; c'est pour ce motif que nous indiquerons leur établissement, leur taux, leur mode de paiement et surtout les critiques que leur insuffisance soulève avant de parler de la situation de l'enfant de 13 à 21 ans. Les règles relatives aux infirmes et aux malades, s'appliquant aux pupilles de tout âge, trouveront leur place après toutes les explications données au sujet des valides.

Les enfants trouvés, abandonnés et orphelins pauvres sont sous la tutelle des commissions administratives des hospices, — à Paris, sous celle du directeur de l'Assistance publique. — Comme c'est le tuteur qui doit diriger l'éducation de l'enfant qui n'a plus ses père et mère, le surveiller, lui donner son consentement pour certains actes graves, administrer ses biens, nous devrons nous livrer à une étude approfondie de la tutelle des enfants assistés et c'est là que nous constaterons une particularité remarquable : la substitution, en dehors de tout texte législatif, des inspecteurs départementaux aux commissions administratives ; nous exposerons comment l'inspection s'est développée et comment les commissions hospitalières ont dû lui céder peu à peu la plupart de leurs droits, se réservant seulement d'intervenir dans les cas où la loi l'exige. Notre dernier chapitre contiendra des notions sur le domicile de secours.

Tel est le plan que nous avons adopté. Avant d'en aborder le développement, nous croyons devoir préciser les principes caractéristiques de l'assistance publique aux enfants sans famille.

Notre législation a fait de l'assistance aux enfants trouvés, abandonnés et orphelins pauvres un cas de charité légale. On ne se contente pas de provoquer, en leur faveur, les dons des personnes généreuses ou des collectivités. La Société se reconnaît débitrice envers eux ; c'est par l'impôt qu'il est pourvu à leur entretien. Chaque année les conseils généraux règlent le contingent que les communes doivent supporter dans les dépenses ; eux-mêmes, avec le budget départemental, en couvrent la plus grande partie ; l'Etat enfin y contribue par une subvention. Nous ne sommes

pas cependant en présence d'un cas de « droit au secours »
car l'enfant délaissé ne peut pas exiger son admission dans
un hospice ; la Société, sans doute, s'est obligée envers lui,
en fait, elle lui viendra toujours en aide, mais il n'a pas d'action contre elle pour la contraindre à le secourir (1). Le motif qui a fait apporter une dérogation à la règle générale de
l'assistance facultative s'imposait au législateur : la misère
de l'enfant sans famille est trop pressante pour qu'il soit
possible d'admettre le plus petit délai dans son soulage-
ment ; on a craint qu'une assistance laissée à la libre initiative des individus ou des collectivités ne fût pas assez
prompte, pas assez régulière ; on a voulu tout faire pour
préserver de la mort des existences dont l'Etat a besoin,
pour sauver du crime de pauvres êtres que leur dénûment
pourrait y précipiter.

Le second caractère spécial de l'assistance aux enfants
trouvés, abandonnés et orphelins, c'est d'être départementale. Il existe une vieille règle qui n'a jamais cessé d'être
admise depuis l'ordonnance de Moulins : chaque commune
doit nourrir ses pauvres. Il y est fait dérogation ici. Les

(1) Cette distinction n'a d'ailleurs qu'un caractère purement théori-
que, car on ne comprendrait pas que l'assistance publique pût ne pas
recueillir l'enfant exposé et ne pas accepter celui que ses parents sont
contraints d'abandonner à cause de leur misère ou de leurs infirmités
Dans le service de la Seine, pour sauvegarder le secret de la fille-mère
et prévenir les infanticides, l'admission a lieu à « bureau ouvert ». La
personne qui effectue l'abandon peut remettre l'enfant sans fournir aucun renseignement, sans produire le bulletin de naissance. La préposée
au bureau d'admission doit respecter son silence et accepter l'enfant, ce
sera, dans bien des cas, le sauver de la mort.

communes contribuent simplement aux frais par un contingent qui ne peut excéder le cinquième des dépenses extérieures. On a trouvé que la commune fournirait une base trop étroite pour une bonne organisation d'un service d'enfants assistés. Pour que les rouages nécessaires à son fonctionnement puissent exister, il faut qu'un certain nombre d'enfants soit réuni ; une sage centralisation est donc utile. L'émulation entre les départements produit d'ailleurs d'excellents résultats : lorsque, sur un point du pays, un conseil général a réalisé un progrès, beaucoup d'autres assemblées départementales considèrent comme un honneur de l'adopter également. Précisons en quoi consiste le caractère départemental du service : ce sont les conseils généraux qui le règlent souverainement, en vertu des lois des 17 juillet 1866 et 10 août 1871, et c'est, nous l'avons dit plus haut, le budget du département qui couvre la plus grande partie des dépenses intérieures et extérieures. Le caractère hospitalier n'est pas cependant complètement effacé puisque les commissions administratives des hospices sont toujours tutrices, en vertu de la loi du 15 pluviôse an XIII et du décret du 19 janvier 1811. A Paris, le service, tout en étant départemental, est sous les ordres du directeur de l'administration générale de l'Assistance publique. L'Etat enfin s'est attribué un rôle très important : il nomme les inspecteurs et les paye ; il contribue au cinquième des dépenses intérieures (L. 5 mai 1869, art. 5 et 6) (1) ; le ministère de l'intérieur a la direction centrale du

(1) Dans les départements où le conseil général se sera engagé à assimiler, pour la dépense, les enfants moralement abandonnés aux enfants

service et envoie des circulaires doctrinales et interpréta-
tives.

Ces attributions de l'Etat suggèrent une réflexion : ne
serait-il pas bon de centraliser davantage et de faire de
l'assistance aux enfants sans famille un service national ?
On ne peut mieux répondre qu'en citant les lignes suivantes, prises dans l'exposé des motifs du projet de loi sur les
enfants assistés du 18 février 1892 : En prenant ce caractère, l'assistance aux enfants « perdrait la faculté plastique
que lui donne l'intervention des conseils généraux et qui
lui permet de s'adapter, au moins dans les détails de son
fonctionnement, à la diversité des milieux. Ajoutons que,
si ce service devenait national, on serait vite amené, par
goût de la symétrie, par amour de la logique, à imposer
toute la dépense à l'Etat : la progression des abandons et
des secours destinés à prévenir l'abandon ne serait plus
combattue, mais secondée par les départements et les
communes, dont elle diminuerait les charges. Un bureau
de bienfaisance, par exemple, ne viendrait pas en aide sur
ses fonds à une famille, il en ferait secourir ou recueillir
les enfants par l'Etat : ce serait contre l'Etat une coalition
spontanée des administrations d'assistance. L'exagération
de la dépense serait inévitablement suivie d'une réaction
dont les enfants seraient les victimes. Pour n'être ni trop
instable et trop parcimonieusement doté, ni trop uniforme
et trop onéreux, le service doit rester départemental ».

assistés, la subvention de l'Etat sera portée au cinquième des dépenses
tant extérieures qu'intérieures des deux services, conformément à l'article 25 de la loi du 24 juillet 1889.

CHAPITRE PREMIER

NOTIONS HISTORIQUES SUR LA SITUATION DES ENFANTS ABANDONNÉS DANS L'ANCIENNE FRANCE (1).

Sommaire. — La Féodalité : seigneurs hauts justiciers, communautés d'habitants, institutions hospitalières. — La maison de la Couche à Paris. — Saint-Vincent de Paul.— L'organisation du service après 1670.

Bien des imperfections sont à signaler, sous la période féodale, en ce qui concerne l'assistance aux enfants trouvés. Néanmoins leur sort était déjà meilleur que pendant la période précédente, où, trop souvent, l'enfant était vendu pour devenir esclave.

Sous la Féodalité, la règle générale est que la charge des trouvés incombe aux seigneurs hauts justiciers sur les terres desquels ils sont exposés. Ceux-ci, entre autres droits, avaient ceux de déshérence, de bâtardise, de possession du trésor trouvé, d'épaves. On considéra les enfants trouvés comme des épaves onéreuses et, en faisant application du principe *ubi emolumentum, ibi onus*, on en

(1) Nous avons consulté de préférence pour la rédaction de ce chapitre le bel ouvrage de M. Léon Lallemand, ancien chef du premier bureau des enfants assistés de la Seine, *Histoire des enfants abandonnés et délaissés*, Paris, 1885. Cet ouvrage a été couronné par l'Académie des Sciences morales et politiques.

confia l'entretien aux seigneurs, comme contre-partie des droits qu'ils possédaient.

L'enfant, trouvé sur la terre d'un seigneur, devenait serf de ce seigneur. A l'origine, les soins ne lui étaient pas négligés car il était dans l'intérêt du seigneur de préserver les jours de cet enfant. Les revenus, en effet, ne provenaient alors que de la culture du sol, il n'y avait ni industrie, ni commerce et, pour faire rendre au sol un maximum de produits, il fallait des bras. Plus un tenancier avait de serfs, plus il pouvait cultiver de terres et plus aussi il se procurait de revenus. L'enfant trouvé était ainsi destiné à accroître la fortune du maître qui le recueillait, celui-ci faisait tout pour conserver son existence.

Mais dans la période de la décadence de la féodalité, du XIIe au XVIe siècle, le seigneur perd peu à peu ses droits; il se relâche alors des obligations qui pesaient sur lui.

Ici, il essaie de faire retomber la charge sur les communautés d'habitants; là, il s'efforce de faire supporter par les hospices les dépenses des enfants trouvés; souvent, la difficulté se termine par une transaction : l'hospice prend les enfants, le seigneur paie un abonnement.

A Paris, le Parlement dut intervenir pour contraindre les justiciers à s'acquitter de leurs obligations. En 1546, le procureur général « sollicite » pour qu'une contribution leur soit imposée pour l'entretien des enfants trouvés. Les seigneurs répondent que le chapitre de Paris, par une fondation particulière, est tenu de ce soin, mais, après d'exactes recherches, il est reconnu, en 1552, que cette fondation n'existe pas et le Parlement rend alors un arrêt, le 11 août, par lequel il ordonne que la somme de 960 livres parisis sera levée tous les ans sur les seigneurs de fiefs pour être employée aux soins des enfants abandonnés (1).

A partir de 1566, les seigneurs s'appuyèrent sur l'ordonnance de Moulins, pour se soustraire, dans beaucoup de lieux, à leurs obligations. Cette ordonnance déclarait que les pauvres de chaque ville, bourg et village, s'ils y étaient nés, devaient être nourris par les habitants de ces villages, bourgs et villes.

Sur certaines parties du territoire, les seigneurs étaient cependant exempts de tout devoir vis-à-vis des enfants trouvés ; celà se produisait lorsqu'ils ne jouissaient pas des droits mentionnés plus haut. C'était alors régulièrement que la charge retombait sur les cités.

Cette règle était celle du Dauphiné, nous la rencontrons aussi dans beaucoup de coutumes des villes et des provinces du Nord, en Bretagne, en Flandre, à Amiens, à Lille, à Metz.

On lit dans la coutume de cette dernière ville qu' « il est enjoint d'envoyer aux escolles pour y apprendre leur créance, lire et escrire, s'ils y sont trouvez propres, tous pauvres jeunes enfants, masles ou femelles, orphelins ou autres. Lorsqu'ils seront venus en quelque aage de discrétion pour choisir quelque mestier et vocation pour gaigner

(1) *Histoire de la Ville de Paris*, par D. Michel Félibien et D. Guy Alexis Lobineau, prêtres religieux bénédictins de la Congrégation de Saint-Maur, t. II, 1825.

leur vie, seront mis ès maisons de quelques maistres ou maistresses pour estre enseignez au mestier que ils voudront choisir ».

Les communautés d'habitants confiaient souvent, moyennant un abonnement, les enfants aux hôpitaux. Mais ceux-ci n'acceptaient pas tous les enfants. Pendant la première partie du Moyen âge, tout au moins, les portes en étaient fermées aux enfants trouvés ; seuls les orphelins y étaient reçus. Les administrateurs alléguaient l'insuffisance de leurs ressources et soutenaient aussi parfois que la charge en revenait aux paroisses.

En 1362, sous le règne de Jean II, à la suite de l'épouvantable misère provoquée par les premiers revers de la guerre de cent ans, le nombre des enfants exposés avait beaucoup grandi. Des hommes charitables prennent alors l'initiative de fonder une confrérie du Saint-Esprit, dans le dessein de construire un hôpital qu'ils nommèrent l'hôpital des pauvres du Saint-Esprit, mais les règlements qui furent faits eurent un caractère d'exclusion : on déclara que les orphelins de père et de mère, nés à Paris, en légitime mariage, seraient seuls admis (1).

Charles **VII**, dans ses lettres patentes de 1445, rappelle la règle « qui d'ancienneté a été gardée de recevoir audit hôpital du Saint-Esprit en Grève enfans approuvés estre nés en loyal mariage et non aultres ».

(1) Voir le récit de la fondation de cet hôpital dans les Antiquités de Paris de Jacques du Breul. Il ne faut pas le confondre avec les établissements fondés par l'Ordre du Saint-Esprit de Montpellier dont nous parlons plus loin.

Il ajoutait que si on obligeait l'hôpital du Saint-Esprit à recevoir les enfants trouvés concurremment avec les orphelins, il y aurait une très grande quantité des premiers, « parce que moult de gens feroient moins de difficultez de eulx abandonner à pescher quand ils verroient que tels enfans bastards seroient nourris davantage et qu'ils n'en auroient pas la charge première ni sollicitude ; que tels hôpitaux ne les sauroient ne pourroient porter ni soutenir ».

C'était, dit M. Remacle, « un moyen détourné de faire taire des exigences qu'on était hors d'état de satisfaire ».

Ce même acte annonce qu'on continuera de quêter pour les enfants illégitimes « en certain lit étant à l'entrée de l'église cathédrale de Paris, en criant publiquement aux passants : Faites bien à ces pauvres enfants trouvés ». Ainsi leur principale ressource était les dons de la charité privée.

Plus tard, sous le règne de François Ier, Marguerite de Valois, sa sœur, fonda l'hôpital des Enfants-Dieu, connu depuis sous le nom d'Enfants-Rouges. Le roi donna des lettres patentes, en faveur de cet établissement, au mois de janvier 1536 ; il déclare que l'on y recevra les orphelins de père et de mère mais il fait encore une exception pour les enfants bâtards (1).

Disons toutefois qu'avec le temps, ces dispositions exclusives de la plupart des hospices tombèrent en désuétude

(1) Félibien et Lobineau, *loc. cit.*

et les enfants trouvés y furent reçus même sans qu'il y eût de convention passée avec le justicier ou le fondateur.

Il n'y eut jamais de mesures restrictives dans les statuts des hôpitaux de l'Ordre du Saint-Esprit. Cet ordre avait été créé par Guido, fils de Guillaume, comte de Montpellier, spécialement pour secourir les enfants exposés. La première maison s'éleva à Montpellier, dans la seconde partie du XIIᵉ siècle ; en 1180, elle est déjà en pleine activité. Le pape Innocent III approuve le nouvel ordre par des bulles de 1198. Celui-ci prend aussitôt une très grande extension et son action est si efficace qu'Innocent III appelle auprès de lui, à Rome, le fondateur Guy, pour lui confier la direction de la maison de Sainte-Marie en Saxe qui avait la même destination que celle de Montpellier. Des établissements sont successivement fondés par l'Ordre dans différentes grandes villes de France ; Besançon (1203), Dijon (1204), Gray (1230). Partout les seigneurs et les municipalités appellent les hospitaliers et favorisent leur œuvre.

Lorsque l'on parcourt les documents relatifs à ces maisons, les règlements adoptés dans tel ou tel hospice, ceux faits par les municipalités des pays du Nord, on remarque de grandes ressemblances avec les dispositions actuellement en vigueur et l'on constate une sollicitude sérieuse pour les enfants délaissés. Il est regrettable que ces bonnes intentions n'aient pas été plus générales.

C'est à Paris que nous voyons surtout le service s'améliorer au point de se rapprocher, à la veille de la Révolution, de la perfection que nous lui connaissons actuellement. Les principes essentiels que l'on observe dans le placement des enfants furent découverts dans la période qui s'écoule de 1670 à 1789. C'est un progrès qu'il faut suivre.

Après l'arrêt du Parlement de 1552, dont nous avons parlé, qui obligeait les seigneurs justiciers de la ville et faubourgs à contribuer à l'entretien des enfants trouvés, le chapitre de Paris avait fait offre de deux maisons, situées au port Saint-Landry, qui lui appartenaient et qui étaient contiguës, à la condition que les autres chapitres et monastères, ayant fief dans la ville, lui en donneraient récompense ou les loueraient de lui. Le Parlement ordonna, par un arrêt du 12 juillet 1570, qu'on y logerait les pauvres enfants trouvés. La direction de la maison était confiée à trois femmes dévouées, qui sont nommées dans l'arrêt. Des dispositions très sages étaient prises par le Parlement, pour assurer le bon fonctionnement du nouvel établissement (1).

Mais à cette époque tourmentée par les guerres et des troubles de toute sorte, une telle œuvre ne pouvait devenir très prospère. Aussi apprenons-nous sans étonnement que la situation des enfants trouvés était lamentable, au commencement du XVIIe siècle, à l'époque où apparut Vincent de Paul (2).

(1) Félibien et Lobineau, *loc. cit.*
(2) Consulter les différentes biographies de saint Vincent de Paul : Vie de saint Vincent de Paul par Louis Abelly, évêque de Rodez ; La

Une veuve avait succédé aux femmes désignées dans l'arrêt de 1570, elle se partageait, avec deux servantes, le soin des enfants trouvés, mais ceux-ci étaient en grand nombre et les ressources étaient très faibles. Les enfants, dépourvus de tout, mouraient presque tous ; les servantes, importunées par leurs cris, fatiguées de s'occuper d'eux, leur donnaient des narcotiques, les vendaient à des mendiants, à des bateleurs, à des gens qui les faisaient servir à des « opérations magiques ».

Vincent de Paul avait rencontré un jour, aux portes de Paris, un misérable occupé à briser les membres d'un de ces pauvres enfants, pour exploiter ensuite, en le montrant aux passants, la charité publique ; il savait dans quelle détresse ils se trouvaient à la maison du port Saint-Landry, que le peuple avait justement surnommée la « maison de la mort ».

Emu par tant de misère, il envoya, dans cette maison, quelques-unes des dames qu'il formait à l'exercice de la charité afin qu'elles pussent sauver quelques-uns de ces enfants.

Celles-ci en retirèrent un petit nombre qu'elles placèrent dans une maison louée à la porte Saint-Victor ; c'était en 1638. Mlle Legras en prit la direction avec ses Filles de la Charité.

Le Saint sut intéresser la Cour à son œuvre. Louis XIII,

<hr>

Vie de saint Vincent de Paul par Collet ; Saint Vincent de Paul, sa vie, son temps, ses œuvres, son influence par M. l'abbé Maynard, chanoine honoraire de Poitiers, 1860.

« quoiqu'il n'eût que la moindre de toutes les justices de la ville », consentit à donner quatre mille livres prises sur le domaine de Gonesse (lettres patentes de 1642). Louis XIV, par des lettres patentes de 1644, alloue une somme de huit mille livres à prendre annuellement sur le revenu de cinq grosses fermes.

Mais, malgré ces générosités royales, les dépenses croissaient ; les dames de la charité, découragées, étaient presque décidées à renoncer à l'œuvre. Ce fut alors que dans une réunion, où les plus graves déterminations devaient être prises, Vincent de Paul sut réveiller toutes les bonnes volontés par ces paroles célèbres : « Or sus, Mesdames, la compassion et la charité vous ont fait adopter ces petites créatures pour vos enfants ; vous avez été leurs mères selon la grâce, depuis que leurs mères selon la nature les ont abandonnés ; voyez maintenant si vous voulez aussi les abandonner. Cessez d'être leurs mères pour devenir à présent leurs juges ; leur vie et leur mort sont entre vos mains ; je m'en vais prendre les voix et les suffrages ; il est temps de prononcer leur arrêt et de savoir si vous ne voulez plus avoir de miséricorde pour eux. Ils vivront, si vous continuez d'en prendre un charitable soin, et au contraire ils mourront et périront infailliblement si vous les abandonnez ; l'expérience ne vous permet pas d'en douter. »

Dès lors, l'idée de renoncer à l'œuvre entreprise est rejetée de tous les esprits et on peut considérer la nouvelle organisation comme fondée.

En 1667, un arrêt du Parlement porte la contribution annuelle des seigneurs justiciers à quinze cents livres.

La reine-mère donne le château de Bicêtre pour loger les enfants, mais l'air y est trop vif pour eux ; ils sont ramenés à Paris, dans le faubourg Saint-Denis. Deux autres maisons sont achetées ensuite : une au faubourg Saint-Antoine et une autre devant l'Hôtel-Dieu.

C'est alors que par un édit, qui fait date dans l'histoire de l'assistance aux enfants abandonnés, Louis XIV érige en forme d'hôpital celui des enfants trouvés et l'unit à l'hôpital général de Paris. La déclaration royale est du mois de juin 1670 ; elle fut enregistrée au Parlement le 18 août de la même année. Cet édit de 1670 continua à régir l'hôpital des enfants trouvés jusqu'en 1791.

Entrons maintenant dans le détail du fonctionnement du service et voyons comment on procédait à l'égard des enfants reçus à la maison du Parvis Notre-Dame (1).

D'après le règlement du 18 octobre 1690, dès qu'un enfant était admis, la sœur préposée à cet office lui mettait un collier, auquel était suspendu un petit sachet, destiné à contenir le procès-verbal du commissaire, puis l'enfant était porté dans la chambre des nourrices.

Au moment du baptême de l'enfant, son nom était inscrit sur le procès-verbal qui était immédiatement remis dans le sachet.

(1) Voir les quatre chapitres si intéressants que M. L. Lallemand a écrits sur l'histoire de la maison de la Couche à Paris ; ces chapitres, composés de documents inédits, contiennent les détails les plus précieux sur le fonctionnement du service à Paris jusqu'en 1791.

Des nourrices sédentaires étaient attachées à l'établissement pour que les enfants fussent allaités avant l'arrivée des femmes de province auxquelles ils devaient être confiés. Vu le grand nombre des enfants admis, les nourrices étaient souvent insuffisantes ; ce fut probablement pour y porter remède qu'en 1784, on décida de nourrir artificiellement les abandonnés, durant leur séjour à Paris. Après quatre années d'expérience, il y eut un avis de l'Académie de médecine « approuvant les motifs qui déterminaient l'administration à supprimer les nourrices sédentaires ». Douze heures après l'arrivée des nourrices de la campagne, les enfants jugés en état d'être allaités étaient confiés à leurs soins.

A toutes les époques, les administrateurs de la maison de la Couche eurent de très grandes difficultés à recruter des nourrices en province. Les salaires insuffisants, la difficulté des communications, les rigueurs de la mauvaise saison et les travaux des champs pendant l'été empêchaient les femmes de la campagne de venir chercher des nourrissons à l'hospice ; aussi évalue-t-on, dans plusieurs délibérations, à un tiers des enfants admis ceux qui mouraient faute d'avoir été pourvus assez promptement de nourrices.

Ces difficultés mirent les administrateurs dans la nécessité d'avoir recours aux meneurs et aux meneuses, intermédiaires qui s'offraient pour faciliter le recrutement des nourrices et qui ont laissé une assez triste réputation. Ils auraient pu rendre de très grands services, mais ils laissèrent toujours beaucoup à désirer. Ils retenaient aux nourrices l'argent, les habits et linges qu'on leur délivrait au bureau pour elles, se servaient de l'argent pour leurs affaires, négligeaient de reporter au bureau les effets des enfants décédés. Les meneurs ne furent supprimés qu'en 1821, à la suite de fraudes énormes; on les remplaça par des employés spéciaux, placés chacun à la tête d'une circonscription.

On exigeait de la nourrice un certificat du curé de sa paroisse ou, à défaut de celui-ci, du syndic et de deux principaux habitants, attestant qu'elle et son mari étaient de la religion catholique, de bonnes mœurs et en état de bien élever l'enfant. L'âge du dernier enfant de la nourrice était indiqué, elle ne pouvait se charger de plus d'un enfant à allaiter. Arrivée à Paris, la nourrice était visitée par le chirurgien et la sœur; si elle était dans les conditions requises, on lui confiait un nourrisson. La pension, de 3 à 5 livres par mois à l'origine, fut reconnue insuffisante; en 1773, elle était de 5 à 7 livres. Le nombre des vêtements donnés aux enfants fut aussi augmenté successivement.

Les enfants étaient visités en province par les sœurs de la maison de la Couche; elles devaient faire des tournées tous les ans; elles interrogeaient les curés, voyaient les enfants et retiraient ceux qui étaient mal placés. Ce système fut modifié à une certaine époque mais on y revint car il offrait plus d'avantage que tout autre.

Lors de la constitution de la maison de la Couche, les enfants étaient ramenés à Paris, à l'âge de trois ans. En 1696, la date du retour fut fixée à cinq ans ; les ressources n'augmentant pas avec les charges, il fallut laisser à la campagne de plus en plus d'enfants et, en 1761, il fut décidé que les enfants ne seraient plus ramenés dans la capitale. Ainsi la force des choses avait fait trouver le système suivi aujourd'hui et qui donne de si bons résultats.

Une pension fut payée pour les garçons jusqu'à l'âge de 14 ans, pour les filles jusqu'à l'âge de 16 ans. A cet âge, ils pouvaient être utiles aux patrons qui s'étaient chargés d'eux. Ils devaient rester chez eux jusqu'à 25 ans. Un certificat du curé était exigé de celui qui voulait employer un enfant; il justifiait par là qu'il était honorable, en état d'entretenir l'enfant et de lui apprendre un métier.

Mais il était impossible de retenir un enfant jusqu'à 25 ans sans lui donner d'autres gages que son entretien. Vers 16 ou 18 ans, les garçons quittaient ceux à qui on les avait confiés. On décida alors que l'engagement des enfants expirerait à 20 ans accomplis et qu'après cet âge, ils seraient gagés, suivant l'usage du pays, tout en restant sous l'autorité du bureau jusqu'à 25 ans.

On ne se conforma jamais complètement aux principes posés par le règlement de 1761 : il y eut toujours des enfants ramenés à Paris à l'établissement du faubourg Saint-Antoine. Que faisait-on pour leur éducation professionnelle ? Les administrateurs se proposaient de donner aux enfants une bonne instruction et de les placer ensuite en apprentissage. Le chapelain leur faisait la classe tous les jours, mais l'enseignement qu'on leur donnait était bien

incomplet ; en 1729, ils ne recevaient encore « aucun principe de l'art de l'écriture ». Cela fut amélioré dans la suite
mais les élèves ne firent jamais beaucoup de progrès. Les
administrateurs échouèrent surtout en ce qui concerne
l'organisation du travail professionnel. Les enfants pre-
naient dans la maison des habitudes de paresse ; cela
s'explique lorsque l'on apprend qu'ils n'étaient occupés
qu'à tricoter des bas. Placés chez des patrons, ils ne mon-
traient aucun courage, aucune bonne volonté et ceux-ci
étaient obligés de les rendre à l'hospice ; ces enfants devenaient trop souvent plus tard des vagabonds et des
libertins.

Tel fut le fonctionnement du service à Paris, à partir de
la fondation de l'hôpital général. Paris servait alors déjà
de modèle à la province, où les choses ne se passaient pas
aussi bien.

Au XVIIe et au XVIIIe siècles, on n'y trouve aucune
uniformité dans les mesures prises en faveur des enfants
délaissés. Pour s'épargner les charges, les hôpitaux, les municipalités et les seigneurs envoyaient un grand nombre
d'enfants à Paris, à la maison de la Couche. Le roi est
obligé, à plusieurs reprises, d'interdire ces convois qui
étaient funestes pour la santé des enfants.

Les intendants s'immiscèrent de plus en plus dans le
règlement des questions relatives à l'enfance abandonnée ;
habituellement, ils désignent un établissement pour recevoir les trouvés d'un bailliage ou d'une province et attribuent à cet asile des cotisations imposées soit aux seigneurs, soit aux habitants.

Les enfants sont placés en nourrice moyennant un salaire généralement insuffisant ; devenus grands, ils sont
ramenés dans les hospices. Quelques hôpitaux, reconnais-
sant cependant les avantages du placement à la campagne,
décident que les enfants y seront maintenus. Ainsi fit-on
à Nantes, à Arras, à Angoulême... « Employés aux travaux des champs, dit le mémoire dressé en 1789 par le
Tiers-Etat de cette dernière ville, ces enfants deviennent
des hommes utiles à la société et lorsque, parmi le nombre,
il s'en trouve qui veulent apprendre des métiers, on traite
de leur apprentissage : il a été même vérifié qu'il s'en con-
serve beaucoup plus dans les campagnes que dans les hôpitaux où l'air qu'ils respirent est toujours le même. »

Les pupilles, maintenus dans les villes, étaient exercés
habituellement à la bonneterie, qui offrait des débouchés faciles et exigeait peu d'apprentissage. Ailleurs on
leur enseignait un métier plus en rapport avec leurs aptitudes ou les besoins du pays.

Dans bien des villes, on faisait perdre beaucoup de temps
aux enfants en les utilisant aux convois funèbres comme
porteurs de torches et d'armoiries. A Nantes, on essaya
même, en 1768, d'utiliser les filles dans le rôle de pleureu-
ses ; dans cette même ville, quand la détresse de l'hôpital
était pressante, on plaçait les enfants aux portes de la ville
« avec une écuelle pour recueillir la charité des passants ».

Pendant toute cette période, qui va de l'organisation des
hôpitaux généraux jusqu'en 1790, la mortalité fut toujours
assez grande, tant à Paris qu'en province, faute d'une bonne

organisation du personnel médical. Il n'y avait pas de médecins chargés de surveiller les nourrissons.

Que devenaient les enfants une fois sortis de tutelle ? Quelques-uns étaient rendus à leur famille ou confiés à des bienfaiteurs. Les élèves conservés dans les villes, ayant reçu une éducation imparfaite, étaient souvent jetés dans la vie sans expérience et sans énergie. Les élèves placés à la campagne donnaient pleine satisfaction. La Rochefoucauld-Liancourt, dans son rapport au comité de mendicité de l'Assemblée nationale, en 1790, s'exprime ainsi : « Presque tous ces enfants, conservés par les nourrices par delà le premier terme fixé, sont gardés dans leur maison jusqu'à ce qu'ils se marient, y sont traités comme les propres enfants ; le plus grand nombre tourne bien et ils deviennent de bons habitants des campagnes. »

Ces paroles de La Rochefoucauld nous transportent à l'époque de la Révolution française. C'est l'ère moderne qui commence, c'est elle qu'il nous faut maintenant parcourir.

CHAPITRE II

L'ŒUVRE DE LA RÉVOLUTION ET DES RÉGIMES QUI L'ONT SUIVIE.
— NÉCESSITÉ D'UNE RÉFORME ET D'UNE CODIFICATION DE LA
LÉGISLATION ACTUELLE.

Le premier document de la période révolutionnaire,
relatif à l'enfance délaissée, est un décret de l'Assemblée
nationale, du 17 novembre 1790, qui « décharge les seigneurs hauts justiciers de l'obligation de nourrir les enfants abandonnés dans leurs juridictions, et règle la
manière dont il sera pourvu à la subsistance de ces orphelins ». Ce décret marque nettement la séparation avec le
passé.

Il nous faut aller maintenant jusqu'à l'époque de la
Convention pour rencontrer un second document de réelle
importance. La loi du 28 juin 1793 a pour objet d'organiser des secours pour les enfants, les vieillards et les indigents. La deuxième section du titre Ier, comprenant vingt-
six articles, est relative aux enfants abandonnés ; il y est
dit que la nation se charge de leur éducation physique et
morale ; ils seront désignés désormais sous la dénomination

d'orphelins ; toutes autres qualifications seront prohibées.
Le 4 juillet 1793, un décret change la dénomination d'orphelins en celle d' « enfants naturels de la Patrie ».

La loi du 24 vendémiaire an II détermine les règles du
domicile de secours ; elle est toujours en vigueur, dans
celles de ses dispositions qui n'ont pas été modifiées par les
articles 6 à 9 de la loi du 15 juillet 1893 sur l'assistance
médicale gratuite.

Sous le Directoire, la loi du 27 frimaire an V décide que
les enfants abandonnés nouvellement nés seront reçus
gratuitement dans tous les hospices de la République
(art. 1er). Le trésor national fournira à la dépense de ceux
qui seront portés dans des hospices qui n'ont pas de fonds
affectés à cet objet (art. 2). Les enfants abandonnés seront
jusqu'à majorité ou émancipation sous la tutelle du président de l'administration municipale, dans l'arrondissement de laquelle sera l'hospice où ils auront été portés.
Les membres de l'administration seront les conseils de la
tutelle (art. 4).

Un règlement relatif à la manière d'élever et d'instruire
les enfants abandonnés paraît, en exécution de cette loi,
le 30 ventôse an V. Il contient des dispositions excellentes
dont plusieurs sont encore en vigueur.

Avec le Consulat, nous entrons dans une période plus
importante encore de l'histoire de la formation de la législation.

L'article 58 du Code civil qui fait partie du titre II, pro-
mulgué le 30 ventôse an XI, édicte les règles à suivre pour

établir l'état civil des enfants trouvés de père et mère inconnus. Cet article est complété par l'article 347 du Code pénal.

Puis, quelques mois après l'établissement de l'Empire, voici la loi du 15 pluviôse an XIII (4 février 1805) qui place sous la tutelle des commissions administratives des hospices les enfants qui y sont admis. Cette loi a été gravement modifiée dans son application par la circulaire ministérielle du 3 août 1869 ; elle n'en reste pas moins une des lois fondamentales du service.

Le décret du 19 janvier 1811 institue le tour, définit les catégories des enfants confiés à la charité publique, règle leur première et leur seconde éducation, les place, conformément à la loi de pluviôse, sous la tutelle des commissions hospitalières et met leurs dépenses à la charge des hospices, sauf contribution par l'Etat dans une limite de quatre millions. Bien que plusieurs de ses articles aient été modifiés par des textes postérieurs et que d'autres soient tombés en désuétude, le décret de 1811 doit être considéré comme étant encore la charte du service des enfants assistés.

Le service avait alors le caractère international et hospitalier. Par les lois de finances de 1817 et des années suivantes, le gouvernement de la Restauration, en mettant les dépenses dites extérieures à la charge des départements, avec le concours éventuel des communes, abrogea implicitement l'article 12 du décret de 1811 qui instituait la contribution de l'Etat. Le service devint dès lors départemental et hospitalier.

La circulaire du 8 février 1823, que nous aurons à citer souvent, eut pour auteur M. de Corbière. Elle constitue un traité fort complet sur le service des enfants assistés. Inspirée par les plus mesquines préoccupations d'économie dans plusieurs de ses dispositions, remplie de mesures restrictives, elle produisit de très mauvais effets qui furent heureusement amoindris par les décisions postérieures.

Sous la monarchie de juillet, la loi du 18 juillet 1837, relative à l'administration municipale, déclare obligatoire le contingent assigné à la commune dans la dépense des enfants trouvés.

L'article 12, paragraphe 11, de la loi du 10 mai 1838, relative aux attributions des conseils généraux, classait dans les dépenses ordinaires obligatoires les dépenses des enfants assistés, mais les lois subséquentes des 18 juillet 1866 et 10 août 1871 n'ont pas reproduit cette obligation.

La deuxième République nous a donné la loi du 10 janvier 1849 qui organise l'assistance publique de Paris. L'article 3 confie au directeur de cette administration la tutelle des enfants trouvés, abandonnés et orphelins.

Sous le second Empire, une loi très importante fut votée : la loi du 5 mai 1869 relative aux dépenses et aux recettes des enfants assistés. Elle fait supporter les dépenses par les départements avec le concours des communes et de l'Etat. En apparence exclusivement financière, elle a opéré une véritable révolution dans le service, en achevant de lui donner le caractère départemental. Les hospices étant exonérés, le service cesse d'être hospitalier, sauf en ce qui concerne la tutelle. La loi de 1869, en faisant participer l'Etat dans les dépenses, rétablit le principe posé par la loi du 27 frimaire an V qui avait été abandonné par les lois de finance de 1817 à 1821.

La circulaire ministérielle du 3 août 1869 est encore un véritable traité sur la matière. Reprenant l'œuvre déjà commencée par une circulaire du 30 avril 1856, elle réduit à sa limite extrême le droit de tutelle conféré par la loi de pluviôse aux commissions hospitalières et augmente les attributions de l'inspection qui prend désormais la direction officielle du service.

Enfin, sous notre troisième République, nous avons à noter la loi du 10 août 1871 sur les conseils généraux. L'article 46 donne à ces assemblées le droit de statuer définitivement sur le service des enfants assistés, ainsi que sur la part de la dépense qui sera mise à la charge des communes. En vertu de cette même loi, le conseil général du département de la Seine est maintenu sous le régime de la loi du 18 juillet 1866 ; cette assemblée tient donc son droit de régler le service des enfants assistés de cette dernière loi, non abrogée pour elle.

Le décret du 3 mars 1887 fixe les conditions de recrutement et d'avancement des inspecteurs et inspectrices et détermine leurs émoluments.

La loi du 15 juillet 1893 sur l'assistance médicale apporte, dans son titre II, de profondes modifications à la loi du 24 vendémiaire an II en organisant, sur de nouvelles bases, le domicile de secours.

Nous n'avons indiqué que les plus importantes parmi les dispositions relatives aux enfants assistés, nous trouverons l'occasion de citer les autres dans le cours de notre travail.

Que faut-il conclure de cet exposé ? Nous nous trouvons en présence d'un nombre relativement considérable de textes, votés à des époques éloignées les unes des autres ; c'est tout un siècle qui sépare les premiers des derniers ; des règles, ainsi dispersées dans des documents multiples, compliquent, d'une façon fâcheuse, l'administration d'un service ; émises au milieu de circonstances tout à fait différentes, sous des régimes dont les hommes étaient guidés par des principes opposés et obsédés par des préoccupations contraires, elles ne peuvent guère concorder entre elles, elles ne peuvent que se contredire souvent ; le même esprit n'a pas présidé à leur formation ; elles constituent donc une législation sans unité.

Nous ne pouvons mieux faire, pour fortifier et compléter nos critiques, que de citer quelques lignes du rapport de M. Brueyre, ancien chef de la division des enfants assistés de la Seine, au conseil supérieur de l'assistance publique : « Il faut faire cesser l'incohérence d'une législation dans laquelle aucune disposition légale ou réglementaire n'ayant été abrogée formellement, il en subsiste ce qu'on veut, et en est mort ce qu'on ne veut pas, où par suite du pouvoir réglementaire donné aux conseils généraux par les lois de 1866 et de 1871, ces assemblées peuvent faire revivre des dispositions surannées ou même en complète opposition avec nos idées modernes, une législation où de simples circulaires ministérielles peuvent tenir en échec des lois, dans lesquelles les textes se heurtent, se superposent, se modifient, se contredisent sans qu'il soit possible, si la pratique ne sert de guide, de savoir où est la vérité. »

L'essai d'une loi d'ensemble n'a-t-il donc jamais été tenté? Si, et même plusieurs fois. Voici les principales de ces tentatives :

« Par un arrêté du 22 août 1849, le ministre de l'intérieur, M. Dufaure, instituait une commission de neuf membres à l'effet de préparer un projet de loi sur le service des enfants trouvés. Dès le 16 mars 1850, le président de cette commission, M. Victor Lefranc, adressait au ministre de l'intérieur le projet demandé, les procès-verbaux des délibérations et un ensemble considérable de pièces justificatives et de renseignements. Ces documents étaient ensuite publiés et formaient deux forts volumes ; l'œuvre était remarquable, malheureusement elle resta inproductive.

« Dix ans plus tard, une enquête fut réclamée par le conseil d'Etat comme devant servir de base à la préparation d'une loi générale sur le service des enfants assistés. Un arrêté du ministre de l'intérieur, en date du 27 mars 1860, régla les conditions de cette enquête et la confia à quatre inspecteurs généraux des établissements de bienfaisance et au chef de bureau compétent de l'administration centrale. Un arrêté ministériel du 10 octobre 1861 instituait une commission composée des mêmes personnes à l'effet de dépouiller les rapports de l'enquête.

« Cette commission adressait le 1er juin 1862 un rapport
au ministre et y joignait de nombreuses pièces justificatives : ces documents étaient publiés au cours de la même
année et formaient un volume qu'aujourd'hui encore on
consulte avec fruit. Mais la loi générale demandée par le
conseil d'Etat ne devait pas intervenir (1). »

Un décret du 14 avril 1888 créa une institution nouvelle :
le conseil supérieur de l'assistance publique. Le 28 janvier
1889, M. Floquet, président du conseil et ministre de l'intérieur, renvoyait à l'examen de cette assemblée un rapport de M. Henri Monod, directeur de l'assistance publique
au ministère de l'intérieur, « sur la révision de la législation concernant les enfants assistés ». La première section
du conseil choisit M. Brueyre pour préparer un texte et un
rapport ; l'un et l'autre furent discutés par le conseil tout
entier, dans ses sessions de 1890 et de 1891 et un texte
définitif fut présenté au gouvernement. Celui-ci y apporta
quelques modifications et, à la séance du Sénat du 18 février
1892, le projet de loi sur le service des enfants assistés
était présenté au nom de M. Carnot, président de la République française, par MM. Constans, ministre de l'intérieur,
Fallières, garde des sceaux, et Rouvier, ministre des finances. Ce projet, qui abroge expressément les dispositions
antérieures, a « pour premier objet de codifier les règles du
service, de leur donner la fixité, la force coercitive et l'unité
inséparables du fonctionnement d'un service régulier ».

(1) Nous extrayons ces lignes de l'exposé des motifs du projet de loi
du 18 février 1892.

Par malheur, déposé depuis six ans devant la haute assemblée, il n'a pas encore été mis en discussion ; la révision et la codification de la législation deviennent cependant chaque jour de plus en plus nécessaires.

Nous aurons à citer souvent les réformes indiquées par ce projet de loi de 1892. Nous pouvons entrer maintenant dans le vif de notre sujet ; nous donnerons tout d'abord les définitions des différentes catégories d'enfants qui forment la classe des assistés proprement dits.

CHAPITRE III

CLASSIFICATION DES ENFANTS ASSISTÉS.

SOMMAIRE. — Enfants trouvés. — Enfants abandonnés. — Orphelins. — Etat civil des enfants trouvés. — Age maximum d'admission. — Statistique.

Le décret du 19 janvier 1811 classe les enfants assistés en trois catégories : les enfants trouvés, les enfants abandonnés, les orphelins pauvres. Il nous donne, dans ses articles 2, 5 et 6, la définition de chacune d'elles.

« Les enfants trouvés (art. 2 du titre II) sont ceux qui, nés de pères et mères inconnus, ont été trouvés exposés dans un lieu quelconque, ou portés dans les hospices destinés à les recevoir. »

Le département de la Seine répartit de la façon suivante les enfants de cette première catégorie : 1° les enfants nés de père et mère non dénommés, 2° les enfants abandonnés entre les mains de personnes étrangères, 3° les enfants exposés dans un lieu quelconque (voie publique, jardin public, maison habitée, église, wagon de chemin de fer). Ces derniers, qui paraissent mériter mieux que les autres le titre d'enfants trouvés, sont en très petit nombre : ainsi, en 1897 à Paris, sur 304 enfants inscrits dans la catégorie des trouvés, on compte 278 enfants nés de père et mère non dénommés, 3 enfants abandonnés entre les mains de personnes étrangères et 23 enfants exposés dans un lieu quelconque. Nous savons que dans l'ancienne France, au contraire, l'exposition était le mode le plus général de l'abandon.

Le projet de loi du gouvernement, du 18 février 1892, donne un même nom à tous les enfants recueillis par le service des enfants assistés ; ils seront tous des « pupilles de l'assistance ».La qualification d'enfants trouvés,qui a un caractère quelque peu pénible, disparaîtra. « Il y aura toujours des enfants qui auront été trouvés dans un lieu quelconque, ce qui est un fait, mais il n'y en aura plus qui soient qualifiés administrativement d'enfants trouvés.»

Il faut faire quelques remarques au sujet de ces enfants.

Le législateur a édicté des règles spéciales pour déterminer leur état civil. L'article 58 du Code civil indique les obligations dont est tenue la personne qui trouve un enfant nouveau-né. Elle devra le remettre à l'officier de l'état civil, ainsi que les vêtements et autres effets trouvés avec l'enfant, et déclarer toutes les circonstances du lieu où il aura été trouvé.

Ces vêtements et autres effets sont destinés à faire reconnaître l'enfant.

L'officier de l'état civil, auquel l'enfant a été présenté, dresse un procès-verbal détaillé qui énonce en outre l'âge apparent de l'enfant, son sexe, les noms qui lui seront donnés, l'autorité civile à laquelle il sera remis. Ce procès-verbal est inscrit sur les registres.

L'enfant peut avoir été porté directement à l'hospice dépositaire. Dans ce cas, l'hospice est-il tenu de se conformer à l'article 55 du Code civil, ainsi conçu : « Les déclarations de naissance seront faites, dans les trois jours de l'accouchement, à l'officier de l'état civil du lieu : l'enfant lui sera présenté. » Il n'y est pas tenu, pour que tout double emploi soit évité. Il est accordé un sursis de dix jours à l'administration hospitalière pour rechercher si l'enfant n'a pas déjà été inscrit dans une autre commune (Circ. min. int. 7 août 1852). Si ces recherches n'aboutissent pas, l'administration hospitalière déclare alors l'enfant à l'état civil de la situation de l'hospice.

Si l'enfant trouvé n'a pas été nommé par l'officier de l'état civil, et si l'on n'a pas en l'exposant déposé avec lui des papiers indiquant ses noms, l'administration de l'hospice doit alors le nommer. Ce cas est réglé par la loi du 11 germinal an XI (1er avril 1803) et par les circulaires ministérielles du 30 juin 1812 et du 8 février 1823. Des noms donnés à chaque enfant, le premier doit servir de prénom et le second de nom de famille transmissible aux descendants. Le prénom est pris parmi ceux qui sont en usage dans les différents calendriers, il peut être encore le nom d'un personnage de l'histoire ancienne. Il faut éviter de donner le même nom de famille à plusieurs enfants et de leur faire porter des noms connus pour appartenir à des familles existantes. Le nom de famille doit donc être cherché soit dans l'histoire, soit dans les circonstances particulières à l'enfant, comme sa conformation, ses traits, son

teint, le pays, le lieu où il a été trouvé, en rejetant toutefois les dénominations qui seraient ou indécentes ou ridi-
cules, ou propres à rappeler, en toute occasion, que celui
qui les porte est un enfant trouvé.

« Les enfants abandonnés (art. 5, titre III du décret du
19 janvier 1811), sont ceux qui, nés de pères ou de mères
connus, et d'abord élevés par eux, ou par d'autres personnes à leur décharge, en sont délaissés sans qu'on sache ce
que les pères et mères sont devenus, ou sans qu'on puisse
recourir à eux. »

C'est la catégorie d'enfants assistés la plus nombreuse.
A Paris en 1897, sur 4.671 enfants admis dans le service,
4.047 étaient des enfants abandonnés.

L'enfant abandonné a un état civil connu et certain, mais
les services d'assistance classent encore comme enfant
abandonné celui dont on peut espérer, d'après quelques
indices, retrouver assez facilement la filiation, la date et le
lieu de naissance.

En s'en tenant à la définition de l'article 5 du décret de
1811, il n'y aurait dans la classe des enfants abandonnés
que :

1° Les enfants dont les parents connus ont disparu, sans
pourvoir à leur subsistance.

2° Ceux qui, par suite d'incapacité physique ou intellec-
tuelle de leurs père, mère ou ascendants, se trouvent sans
asile ni moyens d'existence ; parmi ces derniers se trouvent
les enfants naturels que, même à l'aide d'un secours temporaire, la mère est impuissante à élever.

La circulaire du 8 février 1823 place aussi au nombre des enfants abandonnés :

1° Les enfants sans ressources dont les parents sont admis ou traités dans les hospices ou hôpitaux, jusqu'à la sortie de l'un d'eux de l'établissement hospitalier.

2° Les enfants des prévenus, accusés ou condamnés indigents. Si le père ou la mère seulement est détenu, les enfants restent, d'après la circulaire, à la charge de celui qui est en liberté.

L'abandon de ces enfants ayant un caractère temporaire, on ne peut les classer immédiatement comme abandonnés proprement dits, comme pupilles de l'assistance ; il faut les considérer plutôt comme des enfants secourus. Actuellement, beaucoup de départements les recueillent, ailleurs, c'est l'assistance locale qui pourvoit à leur entretien. Ce ne sera qu'à partir du jour où l'abandon deviendra définitif, dans le cas où les parents auront été condamnés à une peine perpétuelle ou dans celui où la maladie dont ils seront atteints sera incurable, qu'ils devront passer dans la catégorie des pupilles.

Une autre question se pose naturellement à cette place : jusqu'à quel âge l'admission doit-elle être obligatoire ? Cette question n'a pas encore été résolue par un texte législatif. L'instruction ministérielle du 8 février 1823 avait fixé à douze ans l'âge extrême de l'admission ; cette disposition était trop durement restrictive, elle a été abrogée par la circulaire du 21 janvier 1889.

Voici comment M. Charles Floquet, alors président du

conseil et ministre de l'intérieur, s'exprimait dans cette circulaire : « Cette interdiction ne résulte pas du décret du 19 janvier 1811. Il déclare, il est vrai, que le prix de pension des pupilles chez les cultivateurs ou les artisans cessera d'être payé à partir de la douzième année, mais cette déclaration n'est que la constatation du fait habituel ; elle n'équivaut pas à une défense de recueillir les enfants qui se trouvent à l'état d'abandon après avoir dépassé cet âge. En tout cas, l'interprétation restrictive faite en 1823 du décret de 1811 est inconciliable avec le devoir social de l'assistance de la classe de déshérités la plus intéressante, celle des enfants abandonnés. »

Le projet de loi de 1892 fixe, comme âge maximum d'admission, l'âge de 16 ans. Dans l'exposé des motifs, les auteurs du projet de loi font remarquer que ni dans le langage courant, ni au regard de certaines de nos lois, le majeur de seize ans n'est un enfant. En matière pénale, la question de discernement ne se pose qu'en faveur des mineurs de seize ans. Dans les articles du Code civil qui règlent le droit de correction paternelle, ce droit est plus ou moins étendu selon que l'enfant a plus ou moins de seize ans. Enfin la loi du 24 juillet 1889, qui institue le dessaisissement judiciaire de la puissance paternelle, le réserve au profit des mineurs de seize ans. Ces analogies justifient la nouvelle règle proposée. On ajoute qu'un majeur de seize ans valide doit se suffire à lui-même ; s'il est infirme ou malade, il sera secouru par l'assistance ordinaire.

Mais comme il est désirable que des enfants mineurs ne restent pas sans tutelle, le projet laisse aux conseils généraux la faculté d'admettre même des majeurs de seize ans.

Depuis 1889, les départements qui avaient adopté la mesure restrictive de la circulaire de 1823 l'ont abandonnée, beaucoup n'avaient pas attendu cette époque pour se montrer plus libéraux, le conseil général de la Seine, en particulier, ne peut être trop loué pour sa générosité.

« Les orphelins (art. 6, titre III du décret du 19 janvier 1811) sont ceux qui, n'ayant ni père ni mère, n'ont aucun moyen d'existence. »

Les enfants pauvres, qui n'ont ni père ni mère mais qui ont des ascendants, ne doivent rentrer dans la catégorie des orphelins que si l'on ne peut recourir aux ascendants pour en obtenir les aliments que la loi civile les oblige de fournir à leurs descendants.

Une instruction du directeur général de la comptabilité des communes et des hospices du 15 juillet 1811 et la circulaire ministérielle du 8 février 1823 disaient que les enfants orphelins devaient être exclusivement à la charge des hospices et des bureaux de bienfaisance, mais ces décisions ne s'appuyaient sur aucun texte législatif.

L'instruction du 15 juillet 1811 s'exprimait ainsi : « Il importe de ne comprendre au rang des enfants abandonnés que les enfants délaissés dont les père et mère sont émigrés, disparus, détenus ou condamnés pour faits criminels ou de police correctionnelle ; l'indigence ou la mort matérielle des pères et mères des enfants ne sont pas des circonstances qui puissent faire admettre ces derniers au rang des enfants que les lois assimilent aux enfants trouvés, et pour leurs dépenses et pour les moyens d'y pourvoir. C'est aux hospices à pourvoir, sur leurs revenus ordinaires, à la dépense de ces derniers enfants ; ils doivent être classés parmi les orphelins pauvres. Les préfets auront donc soin de rayer des états qui leur seront présentés les enfants qui ne seraient dans aucun des cas que l'on vient d'énumérer. Dans les départements où l'on n'était point dans l'usage d'élever dans l'intérieur des hospices les orphelins et les enfants de familles indigentes, mais bien de les placer et de les laisser à la campagne, on a pu quelquefois confondre ces enfants avec les enfants abandonnés. Cette confusion doit cesser entièrement, la dépense des enfants orphelins est entièrement à la charge des hospices, même pour les mois de nourrice et les pensions. »

La circulaire du 8 février 1823 disait à peu près dans les mêmes termes : « L'indigence ou la mort naturelle des pères et mères ne sont pas des circonstances qui puissent faire admettre leurs enfants au rang des enfants abandonnés ; ils ne peuvent être classés que parmi les orphelins pauvres et les enfants de familles indigentes à la charge exclusive des hospices ou secourus à domicile. »

On opposa à ces décisions de sérieux arguments tirés du décret du 19 janvier 1811. Ce décret, intitulé décret concernant les enfants trouvés ou abandonnés et les *orphelins pauvres*, déclare confier à la charité publique l'éducation

1° des enfants trouvés, 2° des enfants abandonnés, 3° des *orphelins pauvres*. L'article 6 définit quels sont les enfants que l'on doit comprendre sous la dénomination d'*orphelins pauvres*. Le titre IV de ce décret est intitulé : de l'éducation des enfants trouvés, abandonnés et *orphelins pauvres* ; le titre V : des dépenses des enfants trouvés, abandonnés et *orphelins* ; les ressources au moyen desquelles il sera pourvu à ces dépenses sont déterminées avec précision par le décret ; si les dépenses des orphelins pauvres eussent dû être acquittées autrement que celles des deux autres catégories d'enfants, le décret n'aurait pas manqué de s'en expliquer ici.

Si, avant le décret, des règles administratives différentes avaient existé, elles ne devaient plus être invoquées, car le décret de 1811 introduisait une législation tout à fait nouvelle. Ce qui le prouve, c'est que lorsqu'il a entendu conserver les règles antérieurement suivies il l'a déclaré expressément. C'est ainsi qu'on lit dans l'article 21 : « Il n'est rien changé aux règles relatives à la reconnaissance et à la réclamation des enfants trouvés et des enfants abandonnés. »

Un arrêt du conseil d'Etat du 20 juillet 1842 consacra ces arguments ; il reconnut que les orphelins pauvres devaient être assimilés aux enfants trouvés et abandonnés et que les dispositions du décret du 19 janvier 1811 devaient être également appliquées aux uns et aux autres de ces enfants.

Dans son dernier rapport (gestion de 1897 et propositions pour le budget de 1899).M. le directeur de l'administration générale de l'Assistance publique de Paris fixe le nombre des enfants orphelins,admis dans le service,à 320 sur 4.671 enfants assistés.

Nous terminerons ce chapitre par une courte statistique sur le nombre total des enfants assistés de France et sur la population comparée de l'assistance départementale et de l'assistance parisienne.

Les chiffres de la population totale nous sont donnés par M. Henri Monod, directeur de l'assistance publique au ministère de l'intérieur, dans le rapport qu'il a adressé au ministre au cours de l'année 1898.

Le 31 décembre 1897, le nombre des pupilles montait au chiffre de 128.274 : ce nombre comprenant 17.699 enfants moralement abandonnés, recueillis en vertu de la loi du 24 juillet 1889, il nous reste une population de 111.575 enfants assistés proprement dits.

Le rapport de M. le directeur de l'administration générale de l'Assistance publique de Paris, paru en 1898, nous donne une statistique détaillée des enfants assistés de la Seine.

Au 31 décembre 1897, le nombre des élèves placés dans les agences de province était de 40.328. Si l'on y ajoute le nombre des élèves restant dans les établissements spéciaux (écoles professionnelles, écoles de réforme, hospice dépositaire et annexe) on obtient le chiffre de 40.858. Ces 40.858 enfants sont ainsi répartis : 2.322 trouvés, 35.874 abandonnés, 2.662 orphelins ; 28.220 de 1 jour à 13 ans,

12.638 de 13 à 21 ans ; 21.571 garçons, 19.287 filles.

Si nous retranchons ces 40.858 enfants des 111.575 qui forment la population totale des assistés pour la France entière, nous trouvons les chiffres suivants : 40.858 enfants pour la Seine, 70,717 pour la province (1).

De tels chiffres montrent l'importance du service de Paris, aussi est-ce de lui que nous parlerons de préférence. En même temps que le service le plus nombreux, il est celui où les soins donnés aux enfants ont atteint le plus haut point de perfection.

Dans son rapport au ministre de l'intérieur, après avoir constaté que, depuis 1870, le nombre des pupilles a progressé, surtout dans ces toutes dernières années, M. Henri Monod s'exprime ainsi : « Ce qui, dans cette augmentation progressive du nombre des pupilles de l'assistance, est de nature à inquiéter, c'est le relâchement du lien de famille, l'oubli grandissant des devoirs les plus élémentaires, et non pas que, cette mauvaise tendance morale existant, l'enfant soit assisté. Dans cette question si complexe, si obscure, où l'on craint toujours, en remédiant à un mal,

____

(1) Nous avons indiqué que les enfants admis dans le service de la Seine pendant l'année 1897, s'élevaient à 4.671. Voici les chiffres pour les dix années précédentes : 1887, 3.477 enfants ; 1888, 3.724 ; 1889, 3.552 ; 1890, 3.621 ; 1891, 4.506 ; 1892, 4.897 ; 1893, 4.699 ; 1894, 4.878 ; 1895, 4.516 ; 1896, 4.578.

Au point de vue de la filiation, les 4.671 enfants, admis en 1897, se répartissent ainsi qu'il suit : Enfants légitimes, 1.189. Enfants naturels reconnus, 933 (reconnus par le père, 88, par la mère. 777, par le père et la mère, 68) ; Enfants naturels non reconnus, 2.522 ; Enfants dont l'état civil n'a pas été constaté, 27.

d'en aggraver un autre, le guide le plus sûr, c'est l'intérêt de l'enfant parce que c'est l'intérêt du faible, et aussi parce que dans nos circonstances nationales actuelles, l'intérêt de l'enfant se confond plus que jamais avec l'intérêt du pays. »

CHAPITRE IV

SÉJOUR DE L'ENFANT A L'HOSPICE DÉPOSITAIRE.

L'hospice dépositaire est le premier stade qu'ait à franchir l'enfant assisté. C'est donc là qu'il faut tout d'abord étudier son entretien.

Tout enfant admis à l'hospice est inscrit sur le Livre journal, prescrit par la circulaire du 31 octobre 1861, et reçoit un numéro matricule.

On lui met ensuite le signe de reconnaissance destiné à prouver son identité. L'administration veut prévenir ainsi toute substitution coupable ou même toute erreur involontaire parmi les enfants dont elle accepte la charge.

De nos jours, on emploie le procédé que la circulaire du 8 février 1823 recommande comme le plus pratique. On passe au cou de chaque enfant un collier scellé avec un morceau d'étain : l'étain porte pour empreinte la désignation de l'hospice auquel appartient l'enfant, l'année dans laquelle il a été exposé et son numéro d'ordre ; le collier, composé d'olives en ivoire, reliées par un fort cordon de soie, est serré au degré nécessaire pour ne pouvoir être enlevé à l'enfant, sans cependant gêner sa croissance.

Une circulaire du ministre de l'intérieur du 12 janvier 1842 prescrivait de substituer à ce collier des boucles d'o-reilles en argent, scellées de manière à ne pouvoir être détachées sans être coupées et portant les mêmes indica-tions. Cette substitution avait un inconvénient grave : les enfants élevés par la charité publique étaient désignés trop ostensiblement à tous ; les boucles d'oreilles laissaient des traces ineffaçables, très désagréables pour les garçons. La mesure ne fut pas généralisée et cessa bientôt d'être en usage.

D'après l'article 36 du règlement modèle ministériel de 1862 (1), tous les enfants de moins de quatre ans doivent être munis du signe de reconnaissance et le garder jus-qu'à leur sixième année. A cet âge, l'enfant sait parler, il est généralement connu dans la localité où il a été placé, il connaît lui-même son nom et les substitutions ne sont plus à craindre, il est donc possible d'enlever sans incon-vénient cette marque d'identité devenue inutile. En fait, seuls, les départements à effectifs très nombreux, obligés d'envoyer leurs pupilles en nourrice au loin et d'organiser des convois comprenant plusieurs enfants à la fois, se sou-

____

(1) Ce règlement, dont nous aurons souvent à faire mention, fut l'œuvre de la commission chargée de dépouiller les rapports de l'en-quête de 1860. Il a été imprimé à la fin du volume de documents que nous devons à cette commission et a été reproduit par la plupart des règlements départementaux.

mettent à cette pratique. Elle a été abandonnée dans les départements où l'effectif est peu élevé : la surveillance de l'inspecteur départemental et des médecins de circonscription y rend impossible toute substitution.

C'est aussi au moment de l'admission à l'hospice que l'employé, préposé à la tenue du registre, donne un nom à l'enfant trouvé s'il n'en a pas déjà reçu un de l'officier de l'état civil et si aucun papier, indiquant comment se nomme l'enfant, n'a été déposé avec lui. Nous avons indiqué dans le chapitre précédent quelles sont, dans ce cas, les règles à suivre.

La circulaire du 8 février 1823 prescrivait que les enfants nouveau-nés, admis dans les hospices, seraient baptisés dans la religion de l'Etat, sauf les exceptions autorisées pour certaines localités.

Dans une lettre adressée à un préfet, le 7 mai 1839, le ministre de l'intérieur précisait ainsi les devoirs de l'administration à ce sujet : « La religion catholique est la religion de la majorité des Français; quand un enfant trouvé est apporté à un hospice, toutes les présomptions sont donc qu'il est issu de parents catholiques et que, par conséquent, il doit être élevé dans cette religion. Mais la Charte garantissant la liberté de conscience et assurant à tous les cultes une égale protection, si, quand un enfant est apporté ou amené à l'hospice, on acquiert la certitude que l'on désire qu'il suive une religion reconnue par l'Etat mais autre que la religion catholique, c'est aussi un devoir pour l'administration charitable de veiller à ce que l'état religieux de cet enfant ne soit pas changé. »

Voici quelle est actuellement à ce sujet la pratique suivie, tout au moins dans le service de Paris : une question
est posée à la mère qui abandonne un enfant sur le culte
auquel il appartient, on lui demande également si elle
désire que l'enfant soit baptisé. Les réponses de la mère
détermineront la conduite que l'administration tiendra.
Celle-ci, aux termes d'une circulaire du directeur du
27 novembre 1890, « s'est fait une règle rigoureuse de respecter la volonté exprimée des parents qui lui ont confié
leurs enfants ».

Le décret de 1811, dans son article 7, indique de quelle
façon l'enfant doit être soigné à l'hospice : « Les enfants
trouvés nouveau-nés seront mis en nourrice aussitôt que
faire se pourra. Jusque-là, ils seront nourris au biberon
ou même au moyen de nourrices résidant dans l'établissement. S'ils sont sevrés ou susceptibles de l'être, ils seront
également mis en nourrice ou sevrage. »

Cet article contient une double disposition : 1° il fixe le
traitement auquel doit être soumis l'enfant à l'intérieur
de l'hospice ; 2° il prescrit que le séjour à l'hospice doit
être très court.

L'enfant nouveau-né est nourri au biberon ou même au
moyen de nourrices sédentaires : il n'y a pas de nourrices
dans tous les hospices dépositaires et notamment dans
ceux qui n'ont qu'un effectif peu nombreux de pupilles en
bas âge ; lorsqu'un hospice demande à prendre une nourrice au compte du budget départemental, l'administration

ne doit pas oublier qu'en « employant l'expression de nourrices sédentaires, la loi a entendu désigner les femmes capables de donner à l'enfant l'allaitement naturel et non celles qui, pendant les premiers jours de sa vie, le nourriraient au biberon ou à l'aide d'autres moyens artificiels » (Circulaire du 5 août 1869). L'allaitement d'un enfant né dans de mauvaises conditions pouvant parfois offrir un danger très grave pour la nourrice, ce mode d'alimentation est employé seulement après avis favorable du médecin.

En outre des enfants à lait, on rencontre dans les hospices des enfants sevrés ou d'autres plus avancés en âge qui y séjournent en attendant un placement à la campagne.

A Paris, un quartier spécial de la crèche est affecté aux sevrés, enfants de dix mois à quatre ans. Les enfants plus grands sont placés dans des divisions spéciales, l'une affectée aux filles, l'autre aux garçons.

L'hospice dépositaire de Paris contient uniquement des enfants, mais il n'en est pas de même de la plupart des établissements hospitaliers de province. C'est le préfet qui, par un arrêté, déclare dépositaire tel ou tel hospice de son département (1). Là, les pupilles de l'assistance et les hospita-

(1) La qualité d'hospice dépositaire entraînant quelques charges particulières pour l'établissement hospitalier (affectation des locaux, frais du personnel de surveillance intérieure), le décret du 19 janvier 1811, art. 22, avait prescrit la préparation d'un règlement d'administration publique déterminant pour chaque département « le nombre des hospices où seront reçus les enfants trouvés ». Ce règlement n'a jamais été

lisés adultes, en majorité des vieillards, sont, la plupart du temps, confondus dans les réfectoires, les cours et les préaux ; il est tout à fait désirable qu'une mesure d'hygiène morale aussi nécessaire que la séparation des enfants et des adultes soit adoptée partout. Le projet de loi de 1892 donne satisfaction à cet égard ; il prescrit, dans son article 17, de placer les enfants en bas âge dans une crèche et les autres dans un quartier spécial où n'auraient accès que les personnes chargées de les soigner ou de les surveiller.

Il faut souhaiter aussi, avec les auteurs du projet, la fondation dans chaque département d'un établissement spécial, comprenant à la fois une maternité et des quartiers pour les enfants. De cette façon, « l'on obtiendrait tout le degré utile de spécialisation, l'agencement le plus hygiénique des locaux, le recrutement du personnel le plus apte et le maximum d'entraînement de ce personnel ; maître chez lui, le département ne serait pas arrêté dans l'œuvre de réforme comme il l'est aujourd'hui par les objections financières des commissions administratives ». Mais, le projet de loi viendrait-il à être voté qu'il faudrait voir s'écouler encore une longue période de temps avant que ces utiles créations pussent être réalisées.

Afin d'éviter les agglomérations funestes à la population

élaboré. Chaque fois qu'il est utile, les préfets prennent un arrêté en vue d'organiser ou de modifier le service dans leurs départements respectifs. Par deux arrêts en date des 29 août 1834 et 21 juillet 1839, le conseil d'Etat a reconnu la légalité des arrêtés préfectoraux pris en cette matière.

infantile, les enfants ne doivent séjourner à l'hospice que le temps strictement nécessaire et être confiés de suite à des nourrices de la campagne.

Toutes les lois, tous les décrets et règlements, toutes les instructions de l'administration, sans exception aucune, interdisent absolument de maintenir sans nécessité les pupilles de tout âge dans les hospices.

Avant l'article 7 du décret du 19 janvier 1811, l'article 1er de l'arrêté du 30 ventôse an V s'exprimait ainsi : « Les enfants abandonnés ne seront point conservés dans les hospices où ils auront été déposés, excepté le cas de maladie ou accidents graves qui en empêche le transport, ce premier asile ne devant être considéré que comme un dépôt, en attendant que ces enfants puissent être placés, suivant leur âge, chez des nourrices ou mis en pension chez des particuliers. »

Nous lisons dans la circulaire du 5 août 1869 : « Leur séjour prolongé à l'hospice leur est nuisible à tous égards : nuisible au point de vue de la santé, nuisible au point de vue de l'éducation physique, nuisible au point de vue de leur avenir..... S'il est démontré qu'un enfant valide est retenu sans nécessité dans l'intérieur de la maison dépositaire, celle-ci s'exposerait au rejet de sa demande en remboursement. »

Le projet de loi de 1892, dans son article 18, renouvelle cette prescription : « Le pupille n'est maintenu dans l'établissement dépositaire que s'il est constaté que son état de santé l'exige ou sur une décision motivée de son tuteur. »

Les raisons données par la circulaire de 1869 sont exactes ; de toutes façons, le séjour de l'hospice est mauvais pour les enfants : dans ce milieu confiné, ils ne se fortifient pas, leur développement physique est compromis, leur éducation est très négligée, car il est impossible d'organiser le travail à l'hospice d'une façon sérieuse à cause de l'irrégularité et de l'instabilité des effectifs, les pupilles y mènent une vie molle qui leur prépare un avenir malheureux.

Si les enfants abandonnés qui présentent pour leur âge des conditions de vitalité suffisantes doivent, aussitôt que possible, être envoyés à la campagne, s'il n'y a même pas à se préoccuper pour eux de l'influence des saisons, il faut, au contraire, pour les enfants débiles, chétifs, mal constitués, suivre une autre règle et les conserver à l'hospice ; ils peuvent y trouver des chances de survie qu'ils n'auraient peut-être pas à la campagne. Quelquefois même, on s'exposerait à les voir mourir peu de jours après leur arrivée : ces accidents produiraient un effet déplorable et des inconvénients pourraient en résulter pour le recrutement des nourrices ; on gardera donc ces enfants à l'hospice jusqu'à ce qu'ils aient acquis assez de forces pour avoir des chances sérieuses de survivre. Dans certains cas d'ailleurs, des nourrissons, atteints de maladies dangereuses et communicables, constitueraient un péril pour les nourrices auxquelles ils seraient confiés ; les services d'assistance ne peuvent, sous ce rapport, prendre trop de précautions.

A Paris, les plus grands progrès ont été réalisés pendant ces dernières années pour le traitement des enfants débiles et syphilitiques.

L'hospice dépositaire de la rue Denfert-Rochereau avait autrefois une assez mauvaise réputation par suite de la grande mortalité qui y frappait les jeunes enfants : de nos jours, les choses ont bien changé. Un médecin anglais, après avoir visité cet établissement en 1894, écrivait dans le *British medical journal* : « Dans le temps, cet hospice a été un centre où l'on pouvait étudier à son aise les maladies épidémiques et infectieuses, principalement la rougeole et la diphtérie. Depuis que de nouvelles méthodes prophylactiques ont été introduites dans cet hôpital, les maladies infectieuses ont disparu et les étudiants, ne voyant plus de malades, n'y vont plus, à part ceux qui s'intéressent plus particulièrement à la prophylaxie des maladies infectieuses. »

On ne s'est pas contenté de rendre plus sain le séjour de l'hospice. Sur la proposition de M. Strauss, conseiller général, aujourd'hui sénateur de la Seine, le conseil général de ce département décida la création d'une station suburbaine où les enfants athreptiques, syphilitiques ou suspects de syphilis, resteraient le temps nécessaire en observation.

La station suburbaine est ouverte, depuis le 23 janvier 1893, à Châtillon, près Paris. Voici sur cet établissement quelques renseignements que nous trouvons dans un rapport de M. Mulé, inspecteur principal des enfants assistés du département de la Seine : en 1894, 586 enfants athreptiques, syphilitiques ou suspects de syphilis ont été soignés à Châtillon ; 169 sont morts, 363 sont sortis et ont été ramenés à l'hospice dépositaire, les autres sont restés en traitement. L'enfant sorti de Châtillon et dirigé sur l'hospice dépositaire y est l'objet d'un examen approfondi de la part du médecin en chef qui le renvoie à Châtillon s'il ne le juge pas en état de supporter le voyage en province. On envoie aussi à Châtillon les enfants convalescents de l'hospice dépositaire. L'inspecteur fait remarquer qu'il serait désirable qu'un établissement spécial fût créé où l'on enverrait les enfants de cette catégorie, leur présence pouvant devenir, à un moment donné, un foyer de contagion et à tout le moins une cause de gêne. Disons enfin que des couveuses destinées aux enfants nés avant terme (avortons ou enfants atteints de débilité congénitale) ont été installées à Châtillon. En 1894, 93 enfants ont été mis en couveuse, 60 ont pu être envoyés dans les services de province, 33 sont décédés.

Tous ces renseignements nous montrent quels soins, de nos jours, sont pris pour sauvegarder la vie de l'enfant. Rien n'est négligé, tout le possible est réalisé. Certains des détails que nous donnons paraissent, au premier abord, convenir moins à une thèse juridique qu'à une thèse médicale, mais nous croyons devoir ne pas les passer sous silence puisqu'ils sont relatifs à l'entretien des enfants assistés ; la rédaction même du décret de 1811 et des circulaires administratives nous invite à en parler ; il serait d'ailleurs très difficile dans un sujet comme celui-là, où le domaine du droit et celui de la médecine se pénètrent, où l'hygiéniste doit inspirer le législateur, de ne pas faire quelque excursion sur le terrain qui, habituellement, peut nous rester étranger.

CHAPITRE V

PRINCIPES GÉNÉRAUX DU PLACEMENT.

L'enfant ne doit pas rester à l'hospice, nous l'avons dit, il doit être envoyé le plus tôt possible à la campague. A-t-il été abandonné dès sa naissance ou quelques jours après, on le confiera à une nourrice. Est-il sorti de la période critique du premier âge, on le placera dans une famille de cultivateurs. Cette règle constitue le principe fondamental du placement.

Elle se justifie par l'expérience : avant la Révolution, les administrateurs de la maison de la Couche ont dû reconnaître que la meilleure façon de procéder à l'égard des enfants qu'ils recueillaient était de les laisser à la campagne.

Elle s'impose par suite du but que l'on veut atteindre : l'enfant abandonné par ses parents n'a plus de famille, on veut essayer de lui constituer une famille d'adoption. Le seul moyen d'y parvenir est de le mettre chez des personnes honnêtes et suffisamment aisées qui pourront lui tenir lieu de père et de mère. Ce n'est pas une espérance trop ambitieuse. L'homme et la femme qui demandent un pupille à un service d'assistance ont tout d'abord intérêt à le soigner convenablement : ils reçoivent un salaire, ils sont surveillés. Pour peu qu'ils soient bons, lorsqu'ils se seront occupés de l'enfant pendant quelque temps, ils s'attacheront à lui et l'enfant, qui n'aura jamais connu d'autre affection, les aimera pour le dévouement qu'ils lui témoignent. Ils tiendront à le garder ; il désirera rester avec eux. Des liens de famille se seront formés qui, la plupart du temps, seront durables. Lorsqu'à 13 ans, la pension ne sera plus payée, le gardien de l'enfant demandera, cela n'est pas rare, à le conserver ; il le fera travailler avec lui, lui donnera des gages et aura une tendance de plus en plus marquée à le considérer comme son propre enfant. S'il ne peut l'employer, il lui réservera tout au moins une place à son cœur et à son foyer et l'enfant, à mesure qu'il grandira, qu'il soit apprenti, qu'il soit soldat, qu'il soit au moment de se marier, qu'il soit dans le bonheur ou dans l'épreuve, saura toujours qu'il a une maison amie, un père et une mère d'adoption qui s'intéressent à son sort et près desquels il peut aller pour partager avec eux ses joies ou demander une consolation dans ses tristesses.

Mais pour atteindre ce but, il est nécessaire que l'on puisse laisser l'enfant dans le même placement ; si on le change de famille, il ne s'attachera à personne et se sentira toujours seul dans la vie. Pour que le placement familial et rural donne pleine satisfaction, il faut qu'il soit continu.

La continuité n'est malheureusement pas toujours réalisable : quelquefois c'est l'enfant qui la rend impossible, par exemple par son indiscipline; d'autres fois, ce sont les nourriciers qui sont insuffisants, s'acquittent mal de leurs obligations, ne traitent pas bien le pupille, ne l'envoient pas à l'école, sont trop dénués de ressources pour remplir convenablement le devoir d'éducation qu'on leur confie ; il arrive aussi que certaines administrations sont responsables du départ de l'enfant d'une famille où il se serait élevé dans de bonnes conditions : elles donnent aux nourriciers des salaires trop faibles et ceux-ci, qui ne peuvent cependant pas faire des sacrifices pour le pupille, le ramènent à l'hospice.

Dans les départements où cet abus se produit, on rencontre ces pauvres enfants entassés dans les établissements dépositaires ; ils y souffrent de la privation du grand air et des grands espaces de la campagne, ils y prennent des habitudes de paresse ; heureux sont-ils encore quand le contact des adultes et les mauvaises leçons qu'ils en reçoivent ne viennent pas compromettre leur formation morale.

Cette situation n'est heureusement qu'exceptionnelle. Les services qui payent des prix de pension suffisants seront sans doute obligés de changer trop souvent encore l'enfant de placement, mais ils lui éviteront le séjour à l'hospice ; il y aura toujours de nouveaux gardiens prêts à le recevoir. Les liens d'affection entre enfants et nourriciers s'établiront moins facilement, mais ce régime sera plus favorable encore au pupille de l'assistance, à sa santé et à son éducation que celui qui consisterait à le mettre dans un internat avec un grand nombre d'autres enfants.

Ce ne serait plus l'entassement dans un hospice avec la promiscuité de malades ou d'infirmes de tous âges, ce serait l'éducation en commun, donnée dans un établissement fermé, par des maîtres et des maîtresses choisis par l'administration. L'enfant, dès qu'il n'aurait plus besoin des soins de sa nourrice, entrerait dans une division de cet orphelinat.

Le système a fonctionné dans l'ancienne France et nous avons constaté quels mauvais résultats il avait donnés. Nous n'avons qu'à nous souvenir de la situation des enfants à la maison du faubourg Saint-Antoine pour condamner une pratique aussi défectueuse. Il est arrivé cependant maintes fois à des publicistes de demander la fondation de grands établissements où seraient élevés en commun les pupilles de l'assistance. Il faut donc, bien que d'autres l'aient fait avant nous, que nous nous efforcions de montrer les inconvénients d'une éducation ainsi donnée.

Elle peut ne pas trop nuire à des enfants qui ont leurs parents : les visites de ceux-ci, des vacances suffisamment longues et fréquentes leur permettent de prendre de temps en temps contact avec la vie réelle, puis ils ne seront jamais jetés seuls dans l'existence, leur famille leur servira d'appui, ils y trouveront aide et conseil. Mais il n'en serait pas ainsi pour l'enfant abandonné. Admis dès sa tendre enfance dans l'établissement, les portes ne s'en ouvriraient plus pour lui qu'au moment de la mise en apprentissage. Jusque là que se passerait-il? Considéré, la plupart du temps, comme un simple numéro, l'enfant, soumis à un règlement qui aurait prévu tous les actes qu'il doit accomplir, ne prendrait aucune initiative. Non seulement il ignorerait ce que c'est que de prévoir, d'agir par soi-même, d'être responsable de ses décisions et de ses actions, mais il n'apprendrait pas non plus la valeur de l'effort. Qu'exigerait-on de lui? Une seule chose, la docilité. Une nature molle, indolente, mais facile à conduire, jouit dans un orphelinat des mêmes avantages qu'un caractère courageux et entreprenant. Quelle déception aurait plus tard l'enfant sans autre vertu que son obéissance quand il se trouverait aux prises avec les difficultés? Dans une famille de cultivateurs, n'aurait-il pas mieux compris au prix de quelle énergie se gagne le pain quotidien, tout ce qu'il faut de labeur, de patience et de sacrifices pour triompher de la pauvreté. Là ne serait pas le seul mauvais service qu'on lui aurait rendu : à sa sortie de l'orphelinat, l'enfant aurait le sentiment d'être seul, lamentablement livré à lui-même. On l'aurait, pendant plusieurs années, dirigé du matin au soir et maintenant il n'aurait plus personne pour le guider, à l'heure où plus que jamais un protecteur lui serait indispensable. Quel vide aussi dans son cœur ! Personne ne l'aimerait, il n'aurait d'affection pour personne.

Ses camarades seraient dispersés ; les maîtres ou maîtresses de la maison, il aurait appris surtout à les craindre et comment, de leur côté, auraient-ils pu, eux ou elles, s'attacher à cet enfant quand ils avaient à s'occuper de tant d'autres ?

Ces quelques considérations suffisent pour faire ressortir toute la supériorité du placement familial que nos services d'assistance ne se disposent pas d'ailleurs à abandonner. La charité privée elle-même, qui jusqu'ici a témoigné d'une préférence assez exclusive pour les orphelinats, commence à adopter le système familial et elle constate que non seulement cela vaut mieux pour ses protégés mais encore pour son propre budget. Ses dépenses sont moins grandes ; il faut moins donner pour payer la pension d'un enfant dans une famille que pour le faire élever dans un orphelinat ; avec les mêmes ressources on peut donc secourir un plus grand nombre d'infortunes.

Si le placement dans un grand établissement doit être critiqué, il n'en est pas de même du placement par groupes qui tient à la fois de l'orphelinat et de la famille.

Voici comment M. Rollet, secrétaire général de l'Union pour le sauvetage de l'enfance, s'exprimait, au sujet de ce mode de placement, dans un rapport lu au congrès international d'assistance en 1889 : « Si une famille aisée, instruite, éclairée, charitable, connaissant les questions d'éducation, s'intéressant aux orphelins, voulant leur apprendre une profession et les guider dans la vie, peut réunir autour d'elle un petit nombre d'enfants assistés, aucun

placement ne sera préférable à celui-là. Ces enfants recevront une éducation des plus soignées ; toutes les prescriptions de l'hygiène seront observées pour le développement
de leurs facultés physiques ; ils apprendront un métier et
leur éducation morale ne sera jamais négligée ; il y aura
entre eux une certaine émulation qui leur fera grand bien.
Cependant, cette éducation sera toute familiale, ces enfants
jouiront d'une certaine liberté, fréquenteront d'autres enfants, apprendront ce que la vie coûte de travail et de patience et surtout, comme il n'y aura pas d'intermédiaires
entre eux et les personnes dévouées qui les dirigent (ce
qui ne peut se produire dans les grands établissements),
un lien d'affection réciproque les unira à ces personnes, ils
seront les enfants d'une famille nombreuse. Plus tard,
lorsqu'ils voleront de leurs propres ailes, ils ne se sentiront
pas isolés dans le monde, ils sauront où aller chercher les
conseils et l'affection qui consolent et relèvent. »

Des essais de ce genre ont été réalisés, avec plein succès,
dans le département de la Haute-Marne. On cite surtout
l'école ménagère pour les filles fondée en 1884 à Chaumont
par Mme Vila, inspectrice des écoles maternelles de la
Haute-Marne et l'orphelinat agricole pour les garçons, ouvert en 1888 à Bellefontaine, près de Châteauvillain, par
Mme Forgeot. Il n'y a dans l'une et l'autre de ces institutions qu'un très petit nombre d'enfants ; les directrices
peuvent donc donner tous leurs soins à leur éducation.

De telles entreprises doivent être laissées à la charité
privée ; c'est aux départements et à l'Etat de les aider

ensuite quand elles offrent toutes les garanties désirables. C'est ce qui a lieu pour les deux écoles dont nous venons de parler ; elles reçoivent une subvention et l'assistance leur confie des pupilles. Il serait désirable de rencontrer des fondations de ce genre dans les régions où le choix de familles propres à bien élever les enfants est limité ; dans les départements où le placement familial est facile et satisfaisant, il faut s'en tenir à lui (1).

Pour que les résultats qu'il doit produire ne soient pas compromis, il est encore nécessaire que les parents, indignes ou simplement oublieux de leurs devoirs, qui ont fait l'abandon *volontaire* de leur enfant, ne sachent pas où celui-ci a été envoyé ; le lieu de placement du pupille ne doit pas leur être indiqué.

Cette prescription a pour elle une tradition très ancienne ; elle a toujours été suivie. Elle n'est pas formulée dans la législation proprement dite (articles de lois ou de décrets), mais elle résulte de la circulaire ministérielle du 17 novembre 1813, œuvre de M. Quinette, directeur général de la comptabilité des communes et des hospices ; elle est exprimée également dans la circulaire du 8 février 1823 :

(1) Le placement familial est évidemment contre-indiqué : 1° à l'égard des enfants atteints d'infirmités trop graves pour pouvoir être soignés dans une famille ; 2° à l'égard des pupilles vicieux qui n'apporteraient que le désordre là où ils seraient placés. — Si la famille nourricière doit être en général choisie à la campagne, on mettra cependant de préférence dans une famille urbaine tout enfant qui, abandonné à une époque où il est déjà grand, aurait passé à la ville les premières années de son existence. Il n'aura en effet, la plupart du temps, aucun goût pour les travaux des champs.

« Il importe d'obvier aux inconvénients qui résultent du peu d'obstacles que les parents des enfants exposés éprouvent à les visiter et à se procurer des renseignements sur les lieux qu'ils habitent, sur les personnes auxquelles ils sont confiés. Les renseignements à donner aux parents doivent se borner à leur faire connaître l'existence ou le décès des enfants. Les administrations qui ont recueilli les enfants doivent intimer à leurs agents l'ordre de ne point s'écarter de cette règle et son exécution rigoureuse préviendra successivement l'exposition et l'abandon d'un grand nombre d'enfants. »

L'article 33 du règlement-modèle de 1862 édicte la même prohibition dans les termes avec lesquels nous pourrions la trouver formulée dans la plupart des règlements départementaux : « Il est interdit, sous peine de révocation, à tout employé ou agent de l'hospice de communiquer à qui que ce soit, excepté aux inspecteurs généraux et à l'inspecteur départemental, les registres d'admission et de donner la moindre indication sur le lieu de placement des enfants. »

N'examinons que la règle du secret du lieu du placement appliquée aux parents coupables d'un abandon volontaire : elle se justifie par les motifs les plus sérieux. Les voici tels que nous les expose M. Brueyre, dans son rapport au conseil supérieur de l'assistance publique, sur le projet de loi de 1892 :

« On peut dire que le secret du lieu de placement est la pierre angulaire du service. Si on la retire, tout s'écroule.

Du jour où les parents sauraient en quel lieu et par quelles mains est élevé leur enfant, il n'y aurait plus d'abandon, mais simple placement en nourrice ; ce serait un moyen de faire élever gratuitement son enfant qu'on reprendrait ensuite à son gré et l'on peut bien penser que, dans ces conditions, le nombre des admissions dépasserait toute limite. A Paris notamment, si malgré la facilité des admissions leur nombre reste en somme peu élevé, cela tient surtout à ce que la population est très au courant des conséquences rigoureuses de l'abandon et de la difficulté avec laquelle l'enfant pourra plus tard être rendu. De plus l'exercice de la tutelle serait impossible et l'intervention des parents dans l'éducation de l'enfant serait incessante. Mais, ce qui serait encore plus regrettable, c'est que les liens de famille qui se créent entre les nourriciers et l'enfant qu'ils élèvent ne pourraient plus prendre naissance. Enfin de redoutables secrets de famille pourraient être découverts si la connaissance du lieu de placement pouvait être communiquée à qui que ce soit. »

Quant aux dispositions concernant les nouvelles données aux parents sur les enfants, celles établies par la circulaire de 1823 étaient vraiment trop restrictives ; nous avons vu plus haut que cette circulaire exigeait que l'on ne fît connaître aux parents que « l'existence ou le décès des enfants ».

Le règlement-modèle de 1862, dans son article 125, est un peu plus libéral : « Il est donné des nouvelles des enfants aux parents qui en réclament. Ces nouvelles se bornent à la simple indication de l'existence ou du décès, de l'état de santé ou de maladie de l'enfant. Elles sont renouvelées tous les trois mois si la demande en est faite. Les mêmes nouvelles peuvent être également fournies aux personnes non parentes dont la demande s'appuie sur des motifs légitimes. Dans l'un et l'autre cas, ces communications sont gratuites. »

Ces dispositions sont reproduites à peu près textuellement dans l'instruction générale sur le service des enfants assistés de la Seine, du 5 décembre 1876.

L'intérêt du service ne demandait pas que la réserve fût poussée jusqu'à ce point. Des faits douloureux se sont produits ; nous en citerons un seul qui a été apporté par M. Lerolle, à la tribune du conseil général de la Seine, à la séance du 20 novembre 1895.

Une pauvre femme accouche de deux enfants jumeaux ; son mari meurt le lendemain ; dans l'affolement de sa douleur et dans sa détresse, elle va déposer ses enfants à l'assistance publique. Quelques années après, moins malheureuse et se ressaisissant, elle réclame ses enfants. L'assistance publique consent à les lui rendre, mais deux ou trois jours avant le moment où cette femme se réjouissait de voir ses enfants, on lui apprend que l'un d'eux est mort depuis près de trois mois.

Sur la proposition de M. Lerolle, le conseil invita l'administration et la 3e commission à étudier le moyen de remédier à l'insuffisance des renseignements donnés aux parents des enfants assistés et décida qu'en cas de décès de ces enfants, avis en serait donné immédiatement aux parents.

Les mesures prises ou proposées par l'administration, en vue de déférer au vœu de l'assemblée départementale, furent approuvées par une nouvelle délibération, en date du 24 avril 1896, et ces mesures ont été immédiatement mises en vigueur et portées à la connaissance des personnes intéressées.

Voici comment on procède actuellement :

Les familles indigentes, qui se sont trouvées dans la nécessité de faire abandon de leurs enfants, peuvent être autorisées, après enquête, à correspondre directement avec ces enfants et avec leurs nourriciers.

Les enfants, placés d'office dans le service des enfants assistés par suite de l'internement de leurs parents dans un asile d'aliénés, ne sont point considérés comme ayant été abandonnés volontairement. L'administration fait connaître à ces parents le lieu de placement de l'enfant, lorsque cette indication peut être salutaire à la santé des parents sans troubler l'enfant.

Les nouvelles concernant les enfants assistés sont données aux parents à toute époque de l'année, chaque demande de nouvelles devant toutefois être séparée par un intervalle de trois mois.

Si l'enfant abandonné vient à décéder dans les trois mois qui suivront les dernières nouvelles, ce décès pourra être notifié par lettre aux personnes qui en auraient fait préalablement la demande spéciale. Une instruction est venue prescrire aux directeurs d'agence de saisir l'administration du décès des enfants dans un délai maximum de quarante-huit heures.

En réalité, deux sortes de réformes ont été opérées :

1° Plus de facilité est donnée aux parents pour avoir des nouvelles de leurs enfants ;

2° Le secret du lieu de placement est levé lorsque l'abandon de l'enfant n'a pas été volontaire.

Le grand tort en effet des circulaires et règlements cités plus haut était de ne pas prévoir ce cas et d'appliquer à des parents empêchés, par la misère extrême ou par maladie, d'élever leurs enfants, une prescription qui, nous l'avons dit, n'a sa raison d'être qu'à l'égard de parents indignes ou oublieux de leurs devoirs.

Ces derniers bénéficieront des dispositions adoptées relativement aux nouvelles données sur l'enfant mais continueront à ne pas savoir où il est placé.

Le conseil général de la Seine, dans la modification qu'il a apportée à l'instruction de 1876, n'a fait que s'inspirer du projet de loi de 1892, lequel dans son article 21, après avoir reproduit la règle du secret du placement, la fait suivre de ces mots : « sauf décision du préfet prise dans l'intérêt de l'enfant ». Le préfet, d'après le projet, sera juge des circonstances où une exception pourra être admise ; l'exposé des motifs cite le cas où le pupille sera orphelin de père et de mère, où, par conséquent, il n'aura pas été « abandonné en violation du devoir ».

Les conseils généraux, ayant un large pouvoir de réglementation sur le service, pourraient, dès maintenant, imiter le conseil général de la Seine, en adoptant cette disposition du projet.

Mais quelle mesure doit être prise dans le cas où une mère, ne se trouvant pas dans les conditions voulues pour que le secret soit levé pour elle, sera parvenue à connaître le lieu du placement de son enfant et ira le troubler par des visites inopportunes ? Comment remédiera-t-on à cette autre fraude, assez fréquente dans certains départements, qui nous est signalée par quelques inspecteurs et qui a reçu le nom d' « abandon fictif » ? Voici en quoi elle consiste : des parents, après avoir abandonné leur enfant et l'avoir fait admettre comme pupille de l'assistance, trouvent le moyen d'être acceptés comme nourriciers par l'administration et de se le faire confier. De cette façon, ils se font payer par le budget départemental pour accomplir leurs devoirs de père et de mère. L'inspecteur, dans ses tournées, fait-il des observations au sujet soit de l'entretien de l'enfant, soit de sa fréquentation scolaire, les parents répondent parfois par des insultes et disent que, l'enfant leur appartenant, ils peuvent en disposer à leur gré.

Un tel abus ne pouvant pas être toléré, l'inspecteur donnera à ces parents à choisir entre deux partis : ou ils garderont leur enfant, mais pour l'élever à leurs frais, quitte à solliciter le secours de l'assistance communale ; ou, s'ils ne veulent le conserver dans ces conditions, l'enfant sera repris par le service départemental et réintégré à l'hospice dépositaire pour être placé ensuite dans un lieu aussi éloigné que possible de celui qu'habitent les parents. Le secret sera rigoureusement gardé.

Le déplacement sera également la mesure prise par l'inspecteur toutes les fois qu'une mère aura découvert l'adresse de son enfant et, malgré les règlements, ira le voir, se mettra entre lui et ses nourriciers, et entravera ainsi l'œuvre de son éducation. Si toutefois la mère, après en avoir reçu l'ordre de l'inspecteur, promettait de cesser ses visites, l'enfant serait laissé à ses nourriciers (1).

Mais il faut, dans toutes ces circonstances, agir avec prudence, en tenant compte de l'intérêt de l'enfant, et surtout, ne pas masquer de viles préoccupations d'économie sous l'apparence trompeuse de venir remédier à de prétendus abus de ce genre qui existeraient dans le service.

Sous prétexte que des enfants abandonnés avaient été confiés à leur mère et que l'adresse du placement de plusieurs autres d'entre eux était connue, M. de Corbière lança, le 21 juillet 1827, une circulaire ordonnant le déplacement en masse des enfants.

Bien que cet acte se rapporte à l'histoire passée des pupilles de l'assistance, nous croyons devoir en parler ici pour mieux mettre en lumière le vrai principe à suivre.

Le ministre était dominé par de mesquines préoccupations d'économie qu'il ne voulait pas avouer. Il se proposait en réalité de faire élever gratuitement les enfants

(1) Voir : Rapport de l'inspecteur des Basses-Alpes, 1894, et Rapport de l'inspecteur des Pyrénées-Orientales, 1896, dans de Crisenoy, *Annales des assemblées départementales.*

assistés par les personnes auxquelles ils avaient été confiés tout d'abord moyennant pension.

« Le déplacement de tous les enfants, écrivait-il, est devenu indispensable pour détruire les nombreux abus qui se sont introduits dans cette partie du service : il a déjà eu lieu avec beaucoup de succès dans quelques départements et je ne doute pas qu'en le faisant opérer dans toute la France, on n'obtienne une réduction considérable dans le nombre et dans la dépense des enfants trouvés... Afin de ne point enlever aux enfants les avantages qu'ils peuvent retirer de l'attachement de leurs nourriciers, vous devrez faire annoncer que si des nourriciers ou autres personnes bien famées, voulaient se charger gratuitement des enfants qui auraient été jusqu'alors confiés à leurs soins, l'Administration s'engagerait à les leur laisser jusqu'à l'âge de vingt et un ans sans que ces enfants puissent les quitter ni exiger d'eux aucun salaire jusqu'à leur majorité. »

C'était spéculer sur l'affection que les nourriciers pouvaient avoir pour les enfants pour les contraindre, malgré leur peu de ressources, à les élever à leurs frais ; c'était en même temps léser l'intérêt des pupilles puisque ceux-ci ne devaient toucher aucun salaire jusqu'à leur majorité.

« Nous avons vu cependant, dit M. Remacle, des personnes bien intentionnées tenir la mesure des déplacements comme bonne et utile en elle-même et comme n'excédant pas les droits de l'Etat sur les enfants. Ces personnes n'auraient besoin pour changer d'avis que de suivre de près l'exécution de la mesure qu'elles vantent. » Et l'auteur fait une peinture très vive de tous les inconvénients qui en résultaient pour l'enfant. « On a fait le calcul, dit-il en terminant, de la diminution de dépenses amenée par l'emploi de cette mesure. Si l'on supputait les décès qu'elle a entraînés, on verrait ce que coûtent en hommes ces économies d'argent. »

Les liens de famille qui avaient pu se former entre les enfants et leurs gardiens étaient brisés, l'éducation commencée était interrompue. Des pupilles désespérés se suicidaient ; des nourrices, après avoir consenti à laisser partir l'enfant, se mettaient en route à leur tour, les larmes aux yeux, rejoignaient la charrette qui l'avait emporté et le réclamaient pour l'élever gratuitement.

Le retentissement de cette mesure fut immense. Lamartine l'a flétrie dans un discours célèbre. L'administration l'appliqua néanmoins pendant dix ans, mais de plus en plus mollement, et dut enfin y renoncer devant l'unanimité des protestations.

Placement familial, placement rural, secret du placement, recours au déplacement dans les cas seulement où il s'impose : tels sont les principes généraux qui constituent la base du fonctionnement du service. Ajoutons que lorsque plusieurs enfants d'une même famille sont abandonnés ensemble, on s'efforce de ne pas les séparer ; ils sont mis, sinon dans la même maison, ou dans deux maisons voisines, tout au moins dans le même village afin qu'ils puissent s'élever ensemble, se connaître et s'aimer,

Il y a tout lieu de penser qu'ils s'attacheront d'autant plus les uns aux autres qu'ils sont les victimes d'une semblable infortune. Si toutefois l'un d'eux, par sa nature pervertie, était un danger pour ses frères et sœurs, on aurait soin de l'éloigner.

CHAPITRE VI.

L'ENFANT ASSISTÉ EN NOURRICE.

D'assez nombreuses questions se soulèvent au sujet de l'enfant qui, abandonné peu après sa naissance, a besoin d'une nourrice : par quel mode les nourrices sont-elles recrutées ? quelles qualités sont exigées d'elles ? de quelles obligations sont-elles tenues à l'égard de l'enfant ? que leur doivent en retour les services d'assistance ?

Les nourrices sont recrutées, en province, par l'inspecteur départemental. Cela n'est pas entièrement conforme à l'article 2 de l'arrêté du 30 ventôse an V. Cet article porte que ce sont « les commissions administratives des hospices civils dans lesquels seront conduits des enfants abandonnés » qui sont « spécialement chargées de les placer chez des nourrices ou autres habitants des campagnes ». Mais c'est une de ces fonctions dont les commissions administratives se sont volontiers déchargées en en laissant l'exercice aux inspecteurs départementaux et cette pratique est sanctionnée par la circulaire ministérielle du 3 août 1869.

Dans le service de Paris, les nourrices sont choisies par des médecins désignés par l'administration.

Ce service est divisé en agences réparties dans un certain nombre de départements. Des « directeurs » et des médecins sont chargés, dans ces agences, des placements et de l'application de toutes les mesures prescrites pour assurer le bien-être et la bonne éducation des enfants.

La femme qui se présente comme nourrice est visitée par le médecin de la circonscription où est située sa résidence, elle est soumise ensuite à l'examen du médecin contre-visiteur de l'agence, celui-ci l'admet définitivement à faire partie du convoi qui sera envoyé à Paris sous la conduite d'une surveillante. Arrivée à Paris, elle est encore visitée par le médecin de l'hospice dépositaire, elle ne reçoit un nourrisson qu'après que ses aptitudes nourricières ont été définitivement reconnues.

Toute nourrice doit être munie d'un certificat, délivré par le maire de sa commune, constatant qu'elle est de bonnes vie et mœurs et capable de bien élever l'enfant qui lui est confié (1).

(1) Il est une pratique contre laquelle on ne peut trop s'insurger. Certains maires, préoccupés avant tout de leurs intérêts électoraux et craignant de mécontenter leurs administrés, donnent de bons certificats à des gens incapables de soigner convenablement un pupille. Tout au plus se hasardent-ils à mettre sur le papier du certificat un signe de

Depuis le vote de la loi du 23 décembre 1874 sur la protection des enfants du premier âge, il faut aussi que les nourrices de l'assistance réunissent les conditions demandées à toutes les nourrices des jeunes enfants.

Il faut, à ce sujet, signaler une lacune qui se trouve dans la loi de 1874 et qui n'a pas encore été réparée. Aux termes de l'article 8 de cette loi, « toute personne qui veut se faire placer comme nourrice est tenue de se munir d'un certificat du maire de sa résidence, indiquant si son dernier enfant est vivant, et constatant qu'il est âgé de sept mois révolus, ou, s'il n'a pas atteint cet âge, qu'il est allaité par une autre femme remplissant les conditions déterminées... »

La règle édictée par cet article en faveur de l'enfant de la nourrice placée hors de son domicile reste malheureusement à l'état de lettre morte. Elle n'a pu recevoir même un commencement d'exécution. D'autre part, aucune mesure de protection n'a été édictée en faveur de l'enfant de la nourrice qui élève chez elle un nourrisson étranger. Il faudrait, dans le premier cas, que la loi reçût son application et qu'une disposition nouvelle y fût ajoutée pour le second cas qui n'a pas été prévu. Tout au moins est-il à souhaiter qu'en l'absence de texte les services d'assistance prennent les mesures nécessaires pour protéger l'enfant de la nourrice. Il est difficile en effet à une femme d'élever

convention qui vient démentir les bons renseignements qu'il contient. M. Henri Monod, dans son rapport au ministre de l'intérieur, flétrit, comme il convient, de semblables procédés.

simultanément deux enfants au sein ; ayant intérêt à bien soigner le pupille de l'administration, à cause du salaire et de la prime de survie, la nourrice sera fatalement amenée à moins s'occuper de son propre enfant, à le sevrer prématurément et à lui donner le biberon, alors même qu'il aurait encore un impérieux besoin du lait maternel. L'on a pu dire avec vérité de ces deux enfants qu'ils étaient des « frères ennemis dès le berceau ». L'administration ne doit pas mettre la nourrice aux prises avec deux devoirs inconciliables.

L'allaitement artificiel même, pratiqué comme il doit l'être, exige de minutieuses précautions et une assez grande dépense de temps et de fatigue ; une femme de campagne, qui a le soin du ménage et parfois encore certaines occupations extérieures, ne peut guère mener de front avec succès l'élevage de deux tout jeunes enfants.

Le remède à cette situation est donné par l'article 23 du projet de loi de 1892 : « Un pupille âgé de moins de sept mois ne peut être confié à une nourrice dont le dernier enfant n'a pas sept mois révolus. » L'enfant de la nourrice à laquelle on confie un nouveau-né devra donc avoir franchi la période la plus critique de la première enfance. A partir de l'âge de sept mois, qui est celui fixé par le législateur de 1874 à l'égard de l'enfant de la nourrice placée, il peut, sans trop d'inconvénients, être soumis à l'allaitement mixte. Cette règle est d'ailleurs déjà suivie par plusieurs services d'assistance, entre autres par celui de Paris ; aucune nourrice ne peut venir chercher un pupille à l'hospice dépositaire si son dernier enfant n'a pas atteint sept mois révolus.

Telles sont les règles suivies pour le choix des nourrices de l'assistance. Voyons maintenant quelles facilités ou quels obstacles les inspecteurs départementaux, directeurs d'agence et médecins rencontrent dans leurs recherches ; voyons si, dans la pratique, il est toujours possible de se conformer à la lettre des règlements, de réunir toutes les conditions désirables.

Le nombre de nourrices exigées pour le service de Paris est assez élevé puisque les enfants abandonnés avant l'âge d'un an, les seuls qui soient pourvus d'une nourrice à lait, représentent près des deux tiers de la totalité de ces enfants.

Dans la majorité des agences, les ressources nourricières sont largement suffisantes ; à chaque convoi, il se présente souvent plus de nourrices qu'il n'en est demandé, ce qui permet aux directeurs d'en avoir un certain nombre en réserve pour les utiliser en cas de besoin, par exemple lorsque la première nourrice donnée à l'enfant ne peut plus, quel qu'en soit le motif, continuer l'allaitement.

Cependant, dans quelques agences, le recrutement offre de sérieuses difficultés ; les causes de cet état de choses défectueux nous sont signalées dans les rapports de l'inspecteur principal de la Seine : une partie du personnel médical ne déploie pas toujours tout le zèle que l'on pourrait en attendre ; dans quelques contrées, les exigences des travaux agricoles, notamment à l'époque de la fenaison et de la moisson, dans d'autres, l'aisance même des habitants, peu soucieux de se livrer à l'industrie du nourrissage, occasionnent une pénurie de nourrices ; la concurrence des bureaux bourgeois va s'exerçant avec une activité de jour en jour plus grande dans des régions jusqu'ici incomplètement exploitées par eux ; enfin l'inobservation de la loi de 1874 sur la protection des enfants du premier âge, a pour conséquence de permettre aux mères de sevrer leurs propres enfants avant l'heure, afin de se placer en qualité de nourrices sur lieu.

Les directeurs d'agence et les médecins doivent, autant que possible, prendre des femmes jeunes, vigoureuses et pourvues d'un lait sain et abondant; ils doivent encore s'attacher à choisir celles d'entre elles qui possèdent des ressources en laitage (1) suffisantes pour conserver les enfants pendant la période de l'élevage. Malgré de louables efforts, ils ne peuvent toujours réussir. Ce ne sont pas d'ordinaire des nourrices de première qualité qui se chargent d'enfants assistés ; elles préfèrent se placer comme nourrices sur lieu, ce qui leur procurera un salaire élevé. Il ne reste donc plus que les nourrices de second ou même de troisième ordre qui sont d'ailleurs encore satisfaisantes puisqu'elles atteignent rarement plus de 40 ans et qu'elles possèdent un lait de 7 à 9 mois dans la proportion de plus de 50 0/0. Toutes sont loin de posséder également des ressources en laitage devant leur permettre de mener à bien l'élevage des

(1) On désigne par ces mots la vache ou la chèvre que peut posséder la nourrice.

enfants qui leur sont confiés et le déplacement s'impose souvent aussitôt après la période de l'allaitement (1).

Dans certains départements, les causes énumérées par l'inspecteur principal de la Seine et qui rendent difficile le choix de bonnes nourrices sévissent avec une particulière intensité. L'inspecteur du Rhône s'occupe du service le plus important après celui de Paris ; il expose, dans son rapport de 1896, que son département est l'un des moins favorisés :

« Les salles de l'hospice sont encombrées quelquefois de 70 ou 80 enfants que l'on ne peut placer au dehors. Les nourrices sédentaires, épuisées par le nombre, ne peuvent leur fournir qu'une alimentation défectueuse. La mortalité de ces nouveau-nés est énorme. Ces encombrements se produisent surtout au moment de la récolte des foins, au moment des moissons et en décembre et en janvier, quand la neige rend impossibles les communications dans les montagnes de l'Ardèche. »

En même temps qu'il signalait le mal, il a indiqué un remède. Sa solution est intéressante à rapporter, car elle s'écarte des règles généralement suivies en matière de placement.

Il constate que si l'élevage au biberon est ordinairement désastreux, ce n'est pas à cause du mode de nourriture lui-même, mais seulement parce que les femmes qui l'appliquent se servent d'instruments défectueux et n'ont pas les

____

(1) Voir les derniers rapports de l'inspecteur principal de la Seine.

soins indipensables pour le renouvellement et la stérili-
sation du lait. Il signale aussi que la plupart des pupilles,
placés pour être élevés au sein, sont nourris au biberon et
même avec le biberon à tube. Il propose, en conséquence,
de faire un bon essai intelligent d'élevage au biberon avec
le lait stérilisé et dosé suivant les ordres et sous la surveillance journalière d'un médecin : « Pourquoi ne pas créer
une biberonnière où nous placerions précisément ces pauvres petits qui sont exposés aux plus graves dangers ? »
De cette façon, le service se mettrait « à l'abri des deux
choses qui le menacent : la diminution du nombre des
nourrices et l'augmentation du salaire. »

Le conseil général autorisa l'organisation projetée par
l'inspecteur sous la condition qu'il n'en résulterait pas
d'augmentation de dépense (1). Encore une fois, c'est une
innovation en désaccord avec les règles jusqu'à présent
suivies ; nous ne savons si l'essai a été fait.

Résumons-nous : choisies par les inspecteurs ou des
médecins spéciaux, munies des certificats exigés par les
règlements, les nourrices sont envoyées à l'hospice dépositaire. Là, après s'être assuré de leur bonne santé et de
la qualité de leur lait, on leur confie un nourrisson. Elles
ne sont retenues que le temps strictement nécessaire.

Avant leur départ, on leur remet le « livret » qui doit
être établi pour chaque enfant. Ce livret indique le sexe
de l'enfant, ses nom et prénoms, la date de sa naissance,

---

(1) De Crisenoy, *Annnales des Assemblées départementales*, 1896.

celle de sa réception à l'hospice ainsi que le numéro sous lequel il a été enregistré. Il relate en outre les obligations réciproques de l'administration et des nourriciers avec une notice sommaire des soins à donner aux enfants ; actuellement, cette notice comprend les « Conseils élémentaires aux mères et aux nourrices » formulés par l'Académie de médecine en 1874 et modifiés ultérieurement en 1883 et en 1885.

C'est ici le lieu d'exprimer un vœu : il serait désirable, surtout dans les grands services, qui répartissent leurs enfants dans plusieurs départements, qu'une sélection pût être opérée avant le départ à l'hospice dépositaire, et que chaque enfant fût dirigé, autant que possible, dans le groupe de placements le plus favorable à sa constitution ; ce serait à coup sûr diminuer, dans une certaine mesure, le chiffre de la mortalité.

Dans quelles conditions le pupille de l'assistance va-t-il être conduit au lieu de son placement ? L'administration s'est toujours préoccupée d'adoucir le plus possible le transport des enfants des hospices à la campagne. Ce souci s'est surtout manifesté dans une circulaire récente : en 1897, le ministre de l'intérieur ayant appelé l'attention de son collègue des travaux publics sur les conditions défectueuses dans lesquelles s'effectue généralement le transport en chemin de fer des enfants en nourrice, M. Turrel, ministre des travaux publics, adressa aux directeurs des compagnies une circulaire, dans laquelle il fit « observer que les cloisons séparatives des voitures de 3e classe, dans lesquelles voyagent les nourrices, ne montent pas toujours jusqu'au plafond, et que, par suite, les nourrissons sont exposés à la fumée du tabac et aux courants d'air, inconvénients qui, ajoutés à la fatigue du voyage, sont des plus préjudiciables à leur santé ». En conséquence, le ministre invitait les directeurs des compagnies à lui faire connaître les mesures qu'ils se proposaient de prendre pour remédier à la mauvaise situation signalée (1).

Il est à désirer que les compagnies se conforment sans retard à l'invitation du ministre, ce sera pour le plus grand bien des nourrissons des départements. L'Assistance publique de Paris, traçant comme toujours la voie du progrès, n'a pas attendu cette circulaire pour réaliser tout ce qui peut être désirable.

Nous apprenons par le rapport du directeur de l'administration au préfet de la Seine, publié en 1896, que toutes les mesures ont été prises pour éviter aux nourrices et aux enfants une durée de trajet trop considérable. « Toutes les fois qu'il est possible d'utiliser les trains express, nous n'hésitons pas à le faire, de même que nous employons les compartiments de seconde classe sans tenir compte de la distance à parcourir. »

Tout convoi reçoit, au départ de l'hospice dépositaire, un certain nombre de flacons de lait stérilisé destiné à l'alimentation des jeunes enfants en route. On y joint

____

(1) *Revue des établissements de bienfaisance*, novembre 1897.

même une caisse spéciale contenant une lampe à alcool destinée à chauffer ce lait et tous les objets de première nécessité qui peuvent être utiles pendant le voyage. Une surveillante expérimentée accompagne chaque convoi. Autant que possible, les convois partent le matin ; de cette façon, on évite aux nourrices et aux enfants les fatigues d'un transport de nuit.

« L'administration, dit M. le Dr Peyron, croit avoir répondu aux sollicitations du conseil général pour assurer le bien-être des nourrices, la rapidité de leur transport et celui des enfants. S'il est possible d'apporter encore des modifications à l'état de choses actuel, l'administration n'hésitera pas à le faire. »

La nourrice est de retour à son foyer : elle devra s'acquitter avec dévouement des obligations qu'elle a contractées.

Elle a tout d'abord une formalité à accomplir : c'est celle qui est imposée à toute femme qui élève des enfants moyennant salaire par la loi du 23 décembre 1874, la formalité de la déclaration.

Tous les élèves hospitaliers, âgés de moins de deux ans et placés en nourrice, doivent être inscrits sur les registres municipaux ; la nourrice qui reçoit chez elle un pupille de l'assistance devra en faire la déclaration au maire de la commune dans les délais prescrits, l'assistance doit de même faire les déclarations imposées aux familles. Le nom de la nourrice devra figurer sur le registre des nourrices de la localité.

C'est par une lettre au préfet de la Seine, du 11 juillet 1878, que le ministre de l'intérieur a prescrit que toutes ces dispositions de la loi Roussel devaient s'appliquer aux enfants assistés.

Cela fait, quels sont les devoirs de la nourrice envers son nourrisson ? S'est-elle engagée comme nourrice au sein, elle lui doit tout son lait, elle ne peut allaiter deux enfants à la fois sans y avoir été autorisée par le médecin inspecteur et par l'assistance. En cas de perte de son lait ou de grossesse présumée, elle doit avertir le médecin et se conformer aux instructions qui lui seront données. Les enfants ne doivent pas être sevrés prématurément sans autorisation ; si cela se produit, ils sont déplacés et confiés à d'autres nourrices au sein.

La femme qui élève l'enfant au biberon se conformera rigoureusement aux « Conseils élémentaires aux mères et aux nourrices » rédigés par la commission de l'hygiène de l'enfance de l'Académie de médecine. Les soins qu'il faut apporter à l'alimentation de l'enfant y sont minutieusement indiqués. Il y est question des proportions de coupage du lait, de la température qu'il doit avoir. Le vase, dont on se sert pour faire boire l'enfant, ne doit pas être en étain ou en plomb ; s'il s'agit d'un biberon, il faut que l'embout soit fait de la substance même du vase ou en caoutchouc naturel, et non en caoutchouc vulcanisé. « Le biberon sans tube doit seul être mis en usage ». Cette prescription est essentielle ; elle est corroborée par plusieurs décisions du ministère de l'intérieur ; des circulaires des 12 janvier 1892 et 23 janvier 1893 écartent pour l'avenir « toutes demandes de subvention présentées en faveur des crèches où le biberon à tube ne serait pas proscrit ». La circulaire du 8 août 1893, relative à la protection du premier âge, contient la décision suivante : « Aucune récompense honorifique ou pécuniaire n'est accordée à une nourrice que s'il ressort d'un certificat du médecin inspecteur qu'elle ne fait pas usage du biberon à tube. » Tous les services d'assistance s'accordent pour interdire l'emploi de cet instrument aux nourrices des enfants assistés. Ce qui le rend si dangereux, c'est la difficulté qu'il y a à le tenir suffisamment propre ; les parois infectées du tube gâtent le nouveau lait et il en résulte des accidents intestinaux chez l'enfant, qui causent très fréquemment sa mort.

Les prescriptions qui suivent s'appliquent, sans distinction, aux nourrices au sein et aux nourrices sèches.

Elles éviteront de donner au pupille une alimentation solide prématurée. « Le lait doit constituer la principale nourriture de l'enfant pendant sa première année au moins. » Les « Conseils élémentaires », qui fixent cette règle dans leur paragraphe 2, disent que, vers le septième ou le huitième mois, quand l'appétit de l'enfant n'est plus satisfait par le lait seul ou que ses digestions ou sa croissance en souffrent, on peut ajouter au lait divers aliments qu'ils indiquent. Les nourrices ne changeront le régime de l'enfant qu'après en avoir reçu l'autorisation du médecin inspecteur.

Une autre prescription est relative à la vaccination.

L'obligation de vacciner les enfants confiés à la charité publique est déjà exprimée dans une loi du 21 juin 1793 : « Tous les enfants qui seront secourus par la nation... seront inoculés par l'officier de santé à l'âge et aux époques qu'il croira le plus propre à cette opération » (L. 21 juin 1793, § 3, art. 25).

Cette disposition se retrouve dans la circulaire du 8 février 1823 : « Ces enfants doivent être vaccinés dès leur admission dans l'hospice, à moins que l'état de leur santé ou leur prompt départ pour la campagne ne s'y oppose. Dans ce cas les nourrices doivent les faire vacciner dans les trois premiers mois qui suivront la remise qui leur en aura été faite, et doivent justifier d'un certificat de vaccination pour pouvoir être payées du premier trimestre des mois de nourrice. »

Actuellement, pour ne pas entraîner un séjour prolongé des enfants à l'hospice, ils sont toujours vaccinés après leur arrivée à la campagne. De l'accomplissement de cette obligation, les règlements et usages départementaux font une condition du paiement aux nourrices de l'indemnité de 18 francs, prévue par l'article 8 § 2 de l'arrêté du 30 ventôse an V et dont nous aurons à parler plus loin (1).

Enfin, les nourrices doivent se conformer à toutes les règles de l'hygiène infantile, dont l'observation est nécessaire pour que les enfants viennent bien. Autant que pos-

(1) Les pupilles doivent être revaccinés à l'âge de 10 ans et à l'âge de 20 ans et en outre toutes les fois qu'une épidémie de variole se montrera dans la région qu'ils habitent (*Circ. min. int.*, 12 octobre 1894).

sible, leurs logements doivent être bien tenus, elles doivent veiller, chez le nourrisson, à la propreté du corps et du cuir chevelu, se conformer aux instructions insérées au livret sur la façon de l'emmailloter, ne pas le faire coucher avec elles, mais le mettre seul dans un berceau.

Si les nourrices n'observent pas fidèlement toutes ces prescriptions, l'administration peut les frapper de retenues de salaires. L'instruction générale pour le service extérieur des enfants assistés de la Seine énonce, dans son article 21, les cas pour lesquels elles sont ainsi punies.

Leur responsabilité devient grave lorsque les nourrissons sont victimes de leur imprudence ou de leur négligence ; elles peuvent être poursuivies pour homicide par imprudence et condamnées aux peines d'amende et d'emprisonnement prévues par l'article 319 du Code pénal (1).

Ce n'est pas seulement la nourrice qui est obligée. En lui confiant un pupille, l'administration a pris des engagements envers elle ; le moment est venu de les étudier.

Un salaire suffisant devra dédommager la nourrice de ses soins et de ses fatigues. L'établissement de ce salaire, son taux, les critiques légitimes, les réformes désirables et proposées : tout cela trouvera place dans un chapitre spécial. Nous pourrions en parler ici, mais il nous faudrait ensuite revenir sur des idées déjà exprimées quand nous

(1) Code pénal, article 319 : « Quiconque par maladresse, imprudence, inattention, négligence ou inobservation des règlements, aura commis involontairement un homicide, ou en aura involontairement été la cause, sera puni d'un emprisonnement de trois mois à deux ans et d'une amende de cinquante à six cents francs. »

aborderions cette même question du salaire à propos de l'enfant sorti de nourrice. Les pensions payées aux gardiens de pupilles de 6 à 13 ans sont en effet votées de la même façon, donnent lieu aux mêmes modes de paiement, appellent les mêmes critiques et les mêmes réformes. Il nous suffira donc de poser ici le principe de cette première obligation de l'assistance envers la nourrice.

La seconde est dans la responsabilité qu'encourt l'administration, lorsque, faute de vigilance, elle a confié à une femme de la campagne un nourrisson contaminé et que celui-ci a communiqué son mal à cette femme.

« L'administration de l'assistance publique est responsable du dommage causé à une nourrice par la transmission d'une maladie dont était atteint l'enfant qui lui a été confié pour l'allaiter, alors que n'étant pas établi que celui-ci, chétif, malingre, rachitique et d'origine inconnue ait été préalablement l'objet d'un examen sérieux et approfondi et alors que la nourrice n'ayant pas été prévenue du danger même hypothétique qu'elle pouvait courir, toutes les mesures prescrites par la prudence pour éviter une contagion n'ont point été prises » (Arrêt de la Cour d'appel de Paris, première chambre, 17 et 24 février 1893).

Mais la responsabilité de l'assistance cesse lorsque ces mesures ont été prises :

« Un fait, alors même qu'il est dommageable, ne peut justifier aucune action en dommages-intérêts contre son auteur qu'autant qu'une faute peut être établie à la charge de ce dernier,

« Lorsqu'il est établi que l'administration de l'assistance publique n'a commis aucune faute dans la remise d'un enfant à une nourrice, celle-ci ne saurait réclamer à l'administration des dommages-intérêts, alors même que le nourrison, atteint de maladie congénitale l'aurait communiquée à la nourrice » (Arrêt de la Cour d'appel de Poitiers, 26 décembre 1892) (1).

Il existe plusieurs autres arrêts sur la question, car le cas se présente malheureusement d'une façon assez fréquente, malgré les précautions prises par les services d'assistance. Ce qui constitue pour ceux-ci une grande difficulté, c'est que, d'une part, les enfants qu'ils recueillent sont d'origine inconnue, aussi les tribunaux ont-ils toujours jugé que l'administration ne peut encourir la même responsabilité que les parents, et que, d'autre part, les symptômes de la syphilis sont quelquefois longs à se manifester.

En parlant du séjour de l'enfant à l'hospice dépositaire, nous avons vu tout ce qui a été institué à Paris pour qu'aucun enfant, atteint de maladie contagieuse, ne soit envoyé à la campagne ; ailleurs on y veille aussi beaucoup ; toutes les fois qu'un enfant admis est signalé comme douteux, toutes les fois que l'on observe chez lui le moindre accident soit du côté de la peau, soit du côté des muqueuses, on surseoit au placement immédiat et on le laisse en observation à la crèche tout le temps nécessaire. Au moment où l'enfant est confié à la nourrice, des recom-

(1) Cet arrêt et le précédent sont relatés dans la *Revue des établissements de bienfaisance*, année 1893.

mandations sont faites à celle-ci au sujet de la surveillance qu'elle doit exercer ultérieurement sur lui ; si elle s'y conforme avec intelligence, la contamination peut être écartée dans bien des cas. Enfin, pendant les premiers mois de son séjour à la campagne, l'enfant reçoit les visites du médecin inspecteur. Celui-ci surveille, avec le plus grand soin, les jeunes enfants envoyés dans sa circonscription ; dès l'apparition de tout symptôme suspect, il doit prescrire la rentrée immédiate du nourrisson à l'hospice dépositaire et donner à la nourrice, sans le moindre retard et aux frais de l'administration, tous les soins propres à enrayer la contamination.

Les enfants assistés nouveau-nés du département de la Seine étaient, avant 1893, visités une fois par semaine, pendant deux mois, par les médecins du service. Des instructions administratives, en date du 16 février 1893, ont prescrit d'effectuer ces visites tous les dix jours et pendant trois mois. Plus récemment, en vertu de l'arrêté préfectoral du 30 novembre 1895 ; les visites décadaires ont été prolongées pendant le quatrième mois.

Les dépenses que peut occasionner cette prolongation de visites se traduisent, en fin de compte, par une économie pour le département, si elles le mettent à l'abri des demandes en indemnités, auxquelles il se trouve exposé de la part des nourrices contaminées.

Quelques inspecteurs ont cherché une mesure qui pût couper court à toute action judiciaire et à toute contre-enquête souvent difficile après un délai quelquefois très éloigné.

L'inspecteur de la Côte-d'Or, dans son rapport de 1894, dit qu'il a fait imprimer la déclaration suivante, qui devra être signée par toute nourrice au sein, qui voudra se charger d'un enfant de l'assistance : « La nourrice soussignée déclare accepter, sans garantie et sans réserve, l'enfant assisté (nom, prénoms) qui lui est confié par l'administration pour être élevé au sein. Elle s'engage à le faire visiter, dans les huit jours qui suivront son arrivée à domicile, par le médecin inspecteur de la protection. Si, dans le cours des deux ou trois premiers mois, il survient à l'enfant soit sur les mains, soit sur les pieds, soit sur le corps, des boutons, pustules et autres éruptions, elle fera immédiatement appeler le médecin inspecteur, ou à son défaut tout autre médecin, qui appréciera et prescrira ce qu'il y aura à faire. Si, malgré les précautions, la nourrice venait à être contaminée par l'enfant, elle déclare s'en rapporter à l'équité et à la bienveillance de l'administration pour l'indemnité des dommages qu'elle pourrait avoir subis. » L'inspecteur cite en terminant l'arrêt de la Cour d'appel de Poitiers du 26 décembre 1892 et exprime la conviction qu'il a que, dans la Côte-d'Or, si le fait de la contamination venait à être déféré aux tribunaux, le résultat serait le même (1).

Nous placerons à la fin de ce chapitre quelques observations sur la façon dont il faut concilier, au sujet de la sur-

(1) De Crisenoy, *Annales des Assemblées départementales*, année 1894.

veillance des nourrissons, les règles du service des enfants assistés avec les prescriptions de la loi de 1874.

Cette conciliation est exposée dans la lettre du ministre de l'intérieur au préfet de la Seine, du 11 juillet 1878.

D'après la loi de 1874, la surveillance des nourrices et des nourrissons incombe au maire et à une commission locale, enfin à un médecin inspecteur.

Or, la plupart des départements, et le département de la Seine notamment, ont un personnel de médecins inspecteurs exclusivement chargés de surveiller leurs pupilles au domicile de la nourrice.

De plus, l'inspecteur départemental et des agents spéciaux ou des comités de patronage sont chargés de visiter périodiquement les enfants. Cette organisation satisfait de tous points aux prescriptions générales de la loi et ni les commissions locales, ni les médecins inspecteurs, institués conformément au règlement d'administration publique du 27 février 1877, n'ont à contrôler la situation des pupilles de l'assistance départementale.

Toutefois, si les maires ou les commissions protectrices, organisées dans les communes de placement, apprenaient que des pupilles de l'assistance sont ou mal soignés, ou en butte à de mauvais traitements, le maire devrait prévenir immédiatement, tout à la fois, le préfet de la circonscription, qui en informerait son collègue, et l'agent spécial, qui, de son côté, inviterait le médecin commissionné à se rendre d'urgence chez la nourrice.

Le ministre de l'intérieur exige, dans cette même lettre,

que les enfants assistés figurent sur les états statistiques
des enfants soumis à la protection. A cette fin, les préposés
et les médecins des services d'assistance doivent fournir à
l'inspecteur des enfants assistés du département où sont
envoyés leurs pupilles, tous les renseignements et tous les
documents prescrits par le règlement de 1877 ; c'est à lui
que les médecins doivent envoyer un rapport annuel qu'ils
peuvent d'ailleurs adresser en double exemplaire à la préfecture du département au service d'assistance duquel
appartiennent les enfants.

CHAPITRE VII

L'ENFANT ASSISTÉ EN PENSION.

Sommaire. — Article 9 du décret de 1811. — Instruction primaire de
l'enfant. — Quelles écoles il doit fréquenter. — Règles pour assurer
l'assiduité. — Fournitures scolaires. — Certificat d'études primaires.
— Formation morale et instruction religieuse. — Initiation aux travaux de la campagne. — Nourriture et entretien.

« A six ans, dit l'article 9 du décret de 1811, tous les
enfants seront, autant que faire se pourra, mis en pension
chez des cultivateurs ou des artisans. Le prix de la pension décroîtra chaque année jusqu'à l'âge de douze ans,
époque à laquelle les enfants mâles en état de servir seront
mis à la disposition du ministre de la marine. »

L'âge de six ans marque pour l'enfant le commencement
d'une seconde période de sa vie, celle de l'éducation. Ce
n'est pas par un nouveau placement, contrairement à ce
que dit notre article, qu'elle s'inaugure ; un des principes
fondamentaux du service n'est-il pas que l'abandonné soit
laissé, aussi longtemps que possible, dans la famille qui l'a
recueilli tout d'abord ? Très souvent, sans doute, les inspecteurs auront à opérer un changement, mais ce n'est pas
à l'heure fixe où la sixième année commence que le besoin
s'en révèle, c'est le plus souvent après le sevrage, lorsque

la nourrice n'a pas les ressources suffisantes pour continuer à entretenir convenablement l'enfant à qui elle a
donné son lait. Dans le service de Paris, la mesure s'impose pour les quatre cinquièmes environ des pupilles. Tous
les efforts seront faits à ce moment pour leur trouver un
placement de choix et d'avenir qui soit définitif, tout au
moins jusqu'à la treizième année.

Donc, à six ans, d'une façon générale, l'enfant assisté
reste au milieu de ceux qui, depuis quelques années déjà,
lui ont fait place à leur foyer, mais il a grandi, sa santé
est devenue plus robuste, il ne réclame plus des soins aussi
constants, il est naturel que le salaire des nourriciers soit
moins fort et c'est le premier fait qui sépare la période de
l' « élevage » de celle qui la précède. Le second fait est une
conséquence de la loi du 28 mars 1882 : l'enfant commence
à aller à l'école.

Il nous faudra parler longuement de tout ce qui a trait
à la fréquentation scolaire ; mais auparavant faisons les
autres remarques que suggère notre article.

Il prescrit que l'assistance doit cesser de payer la pension pour ses pupilles quand ils ont douze ans : depuis la
loi de 1882, la plupart des conseils généraux en ont voté
la prolongation jusqu'à treize ans ; quelques-uns s'en sont
tenus cependant aux termes stricts du décret, il faut les en
blâmer.

Quant à la prescription finale de notre article, qui met à
l'âge de douze ans « les enfants mâles en état de servir à
la disposition du ministre de la marine », l'administration

n'a jamais été assez dure pour l'exécuter ; c'est une lettre-morte. Elle n'a jamais fait l'objet d'une abrogation régulière, mais aucun ministre ne pourrait avoir la pensée de la mettre en vigueur. La date du décret nous donne l'explication de cette règle barbare : l'empereur avait alors un pressant besoin de soldats et de marins et aucune considération ne pouvait prévaloir contre les exigences du recrutement.

En réalité, cet article 9 est bien laconique. Examiné de près, il ne nous révèle que des inexactitudes ou des dispositions qui ont perdu toute raison d'être. Il nous indique bien l'obligation de l'assistance en nous parlant de la pension qui est versée pour l'enfant, mais pas un mot ne vient préciser les obligations du nourricier envers celui-ci ; la nourriture et l'entretien convenables, l'envoi à l'école : tout cela est passé sous silence.

L'article 4 de l'arrêté du 30 ventôse an V est moins pauvre de renseignements : « Les nourrices et autres habitants des communes pourront conserver jusqu'à l'âge de douze ans les enfants qui leur auront été confiés, à la charge par eux de les nourrir et entretenir convenablement, aux prix et conditions qui seront déterminés d'après les dispositions de l'article 9 ci-après et de les envoyer aux écoles primaires pour y participer aux instructions données aux autres enfants de la commune et du canton. »

La disposition relative à l'instruction du pupille de l'assistance est exprimée dans l'article 24 du projet de loi du 18 février 1892 dans les termes qui correspondent le mieux à l'état actuel de la législation scolaire et de la pratique administrative :

« Le nourricier est tenu, à l'égard du pupille, aux obligations auxquelles sont assujettis les parents par la loi du 28 mars 1882 sur l'enseignement primaire. »

Il nous faut donner toutes les explications que cette règle réclame.

C'est à six ans révolus que l'instruction primaire devient obligatoire pour les enfants des deux sexes. Cette obligation ne cesse qu'à l'âge de treize ans révolus, sauf pour les enfants qui auront obtenu, après l'âge de onze ans, le certificat d'études primaires : ceux-ci sont dispensés du temps de scolarité obligatoire qui leur restait à accomplir. Cela résulte des articles 4 et 6 de la loi du 28 mars 1882.

Les pupilles de l'assistance doivent être envoyés dans les écoles publiques communales. Cette règle, qui a toujours été suivie, se justifie par le motif suivant : ce n'est que dans ces écoles que l'administration peut exercer un contrôle complet, une surveillance pleinement efficace sur les enfants ; elle résulte d'ailleurs de nombreuses dispositions dont voici les principales : la loi du 28 juin 1793, paragraphe 2, article 13, obligeait les nourriciers des enfants abandonnés à « faire fréquenter par ces enfants les *écoles nationales* » ; la circulaire du 28 juillet 1827 recommande de les envoyer aux *écoles publiques* ; un avis du conseil royal de l'instruction publique en date du 17 mars 1843 porte que l'instruction primaire doit être donnée gratuitement aux enfants trouvés dans les écoles communales ; le décret du 10 décembre 1855 et la loi du 10 avril 1867 pourvoient à l'inscription des élèves de l'assistance sur les listes de gratuité dans les *écoles publiques* et règlent la participation du département dans les dépenses en résultant, parmi celles-ci est prévue la fixation du traitement éventuel des *instituteurs publics* ; les articles 46, 58 et 60 du règlement-modèle de 1862 renouvellent la prescription d'envoyer les enfants assistés aux *écoles communales* et indiquent le cas où, pour des motifs tout particuliers, il y a lieu d'envoyer les jeunes filles dans les *écoles privées* ; cette règle résulte enfin d'une décision concertée entre les ministères de l'intérieur et de l'instruction publique, en date du 10 novembre 1888, et dont nous parlerons un peu plus loin.

Ces textes ne font pas une obligation aux nourriciers d'envoyer leurs propres enfants dans les mêmes écoles que les pupilles de l'assistance dont ils ont pris charge ; c'est toutefois la règle adoptée par certains départements.

La circulaire administrative du 12 février 1894 est venue rappeler aux directeurs d'agence des enfants assistés de la Seine qu'ils ne devaient placer les pupilles « que dans les familles ne faisant pas difficulté de renoncer à l'envoi de leur propres enfants dans les écoles congréganistes ». Lorsque les nourriciers ne se conforment pas aux dispositions de la circulaire, les enfants doivent leur être retirés. Le motif donné pour justifier cette mesure est que « la fréquentation d'écoles différentes par des enfants vivant sous le même toit pourrait donner naissance entre eux à une rivalité des plus fâcheuses ».

On peut se demander si cette prescription n'est pas trop absolue. Dans les questions de placement, il faut considérer avant tout l'intérêt de l'enfant. Or, ne sera-t-il pas quelquefois regrettable, au point de vue du bien des pupilles de l'assistance, que l'administration se prive ainsi pour eux du concours de personnes, qui, tout en donnant à leurs propres enfants l'éducation de leur choix, seraient d'excellents nourriciers, fidèles observateurs de toutes les autres dispositions des règlements et capables de maintenir de bons rapports entre l'enfant de la famille et l'enfant assisté? Il se peut aussi que la mesure adoptée ait cet autre résultat fâcheux d'indisposer, dans certaines communes, toute une partie de la population contre les pupilles de l'assistance.

La plus grande régularité est recommandée aux nourriciers dans l'envoi des enfants aux écoles, ils doivent leur faire suivre les deux classes de la journée, celle du matin et celle du soir, et ne pas les garder à la maison ou aux champs pour les employer à leur propre service.

Parmi les mesures prises pour assurer la fréquentation des écoles par les élèves de l'assistance, il faut signaler la circulaire du 10 novembre 1888 que nous avons mentionnée plus haut. Elle organise un contrôle opéré par les inspecteurs des enfants assistés avec le concours des instituteurs et institutrices.

Le 31 octobre 1888, M. le ministre de l'intérieur, sur les instances de M. Monod, directeur de l'assistance et de l'hygiène publiques, demandait à M. le ministre de l'ins-

truction publique d'adresser des instructions en vue :
1° de permettre aux inspecteurs des enfants assistés de
constater au cours de leurs tournées, sur les registres
scolaires, l'assiduité des pupilles ; 2° d'inviter les instituteurs et institutrices à fournir verbalement aux inspecteurs et sous-inspecteurs d'enfants assistés des indications
circonstanciées sur le caractère et la conduite, les aptitudes et les progrès des pupilles ; 3° d'inviter les instituteurs
et les institutrices à transmettre chaque mois au préfet,
par l'intermédiaire du maire, un état nominatif des pupilles qui, au cours du mois précédent, auront manqué
l'école un nombre déterminé de fois, au moins neuf ou dix
par exemple.

M. Lockroy donna pleine satisfaction au vœu exprimé
par M. Floquet, dans la circulaire du 10 novembre 1888.
L'entente fut dès lors complète entre les deux ministères ;
l'accord qui en est résulté entre les inspecteurs et les instituteurs a produit d'excellents résultats.

Malgré cette surveillance active, les prescriptions de la
loi de 1882 sont souvent foulées aux pieds. La principale
cause de ces infractions doit être recherchée dans l'insuffisance des taux de pension. Dans trop de départements, les nourriciers ne sont pas rémunérés de ce qu'ils
fournissent à l'enfant par ce qu'ils reçoivent de l'assistance ;
s'ils ne veulent pas aller jusqu'à faire des sacrifices pour
lui, — et on ne peut guère le demander à des gens peu
fortunés, — ils se voient dans l'obligation de le faire travailler, pour tirer de lui un profit qui les fera rentrer dans

leurs dépenses. Cela est déplorable et il faut y remédier en rétribuant mieux les nourriciers ; les inspecteurs ne peuvent sévir que lorsque la pension est assez élevée pour que ceux-ci, couverts, et au delà, des frais que la présence de l'enfant leur occasionne, n'aient pas le droit de se plaindre. Quand il en est ainsi, l'inspecteur peut toujours se faire obéir ; les absences de l'enfant sont alors tout à fait rares, elles ne se produisent guère que pendant la belle saison, à l'époque des grands travaux agricoles. L'Assistance publique de Paris, en opérant, s'il le faut, des retenues de salaires, est parvenue à supprimer les infractions à la loi dans presque toutes ses agences ; ses pupilles donnent l'exemple de l'assiduité aux autres enfants (1).

Dans beaucoup de communes, la maison d'école est à une longue distance de la demeure du nourricier. L'enfant n'aurait pas le temps, entre la classe du matin et celle du soir, d'aller prendre son repas dans la famille qui l'a recueilli. Les gardiens doivent, dans ce cas, fournir aux pupilles les aliments nécessaires pour qu'ils puissent prendre à l'école le repas de midi. Les maîtres ont soin, pour la plupart, de vérifier les paniers de provisions qu'emportent avec eux les enfants trop éloignés de l'école pour pouvoir déjeuner chez leurs nourriciers. Dans les pays très pauvres, le contenu des paniers n'est pas toujours suffisant. Cette question de l'alimentation est importante.

(1) Voici, pour les enfants assistés de la Seine, la statistique de la fréquentation scolaire en 1897 : sur 16.898 enfants de 6 à 13 ans, 16.850 ont fréquenté l'école, 48 seulement ne l'ont pas fréquentée ; 1000 l'ont fréquentée avant l'âge de 6 ans, 408 après 13 ans,

On ne saurait admettre en effet que des enfants, partis dès le matin pour ne rentrer que le soir, après avoir fourni une longue étape, soient nourris d'une façon par trop sommaire.

Des innovations excellentes ont été réalisées. L'inspecteur principal de la Seine cite « un village de l'agence d'Autun-Lucenay, Chissey, où des soupes chaudes sont servies gratuitement pendant l'hiver aux élèves des écoles. La dépense est supportée par la municipalité. Les nourriciers de plusieurs communes de l'agence de Béthune, très éloignés des écoles, s'entendent avec ceux qui en sont voisins pour que les enfants qui leur sont confiés aient aussi une soupe chaude à midi. Le maire d'Ouroux, dans l'agence de Château-Chinon, a organisé une cantine scolaire qui fonctionne admirablement : les enfants dont l'habitation est éloignée y peuvent faire un déjeûner chaud moyennant une faible rétribution de douze centimes ; cent quatre enfants trouvent place dans le vaste réfectoire attenant à l'école. Le conseil général de la Nièvre a voté une subvention de 150 francs pour l'année 1895 en faveur de cette intéressante création (1) ».

On est heureux de constater que des petites communes donnent d'aussi bons exemples et on ne peut que souhaiter qu'ils soient suivis en beaucoup d'autres lieux pour le plus grand bien des enfants.

Il est nécessaire que le pupille de l'assistance, au retour

(1) Rapport d'inspection sur le service des enfants assistés présenté par l'inspecteur principal à M. le Préfet de la Seine, 1894.

de l'école, ait les livres et les fournitures scolaires qui lui
sont utiles pour étudier à la maison. Chaque instituteur
est libre de choisir, dans le catalogue des ouvrages approuvés ou autorisés, ceux qui lui paraissent préférables.
Les livres en cours variant d'une école à l'autre, les administrations d'assistance ne sauraient approvisionner
utilement de fournitures scolaires les enfants assistés
qu'elles font élever à la campagne et qui suivent un grand
nombre d'écoles communales. L'administration laisse donc
aux instituteurs ou institutrices le soin de pourvoir, moyennant un abonnement fixe, aux fournitures scolaires nécessaires aux enfants assistés.

Le taux de cet abonnement avait été fixé, par la circulaire du 12 février 1856, à 0 fr. 50 par mois pour les enfants de 6 à 8 ans, et à 0 fr. 75 pour ceux de 9 à 12 ans.
Une nouvelle circulaire du 26 février 1880, concertée entre
les ministères de l'intérieur et de l'instruction publique, a
demandé aux conseils généraux d'élever le taux de cet
abonnement à 0 fr. 75 pour les enfants de 6 à 8 ans, à
1 franc pour les enfants âgés de plus de 8 ans révolus. Ce
nouveau tarif a été généralement adopté par les conseils
généraux ; il suffit à assurer sans peine le service des fournitures scolaires aux enfants assistés ; dans beaucoup de
communes qui ont adopté le système de l'abonnement
pour tous les élèves de l'école indistinctement, le tarif
commun s'élève en moyenne à 6 ou 7 fr. au plus par élève
et par an.

Quelques instituteurs avaient cru pouvoir empêcher les

élèves de l'assistance d'emporter, hors de l'école, leurs livres et cahiers, ce qui mettait ces enfants dans l'impossibilité de travailler chez leurs nourriciers, le soir ou le matin. Par décision du 22 mai 1885, le ministre de l'instruction publique a condamné cette manière de faire dans les termes ci-après : « Je vous prie, écrit-il aux préfets, de me signaler les localités où de semblables refus auraient été formulés. Je suis tout disposé à intervenir. »

En ce qui concerne l'Assistance publique de Paris, l'arrêté préfectoral du 10 mars 1894 a partout substitué à l'abonnement le remboursement sur production de factures trimestrielles.

Avec le système de l'abonnement, bien des élèves étaient insuffisamment pourvus ou ne possédaient que de vieux livres ayant déjà servi plusieurs fois et que les instituteurs considéraient comme prêtés. Les pupilles de l'Assistance publique de Paris ont maintenant la pleine propriété des objets de classe à leur usage et peuvent les conserver à leur sortie définitive de l'école à treize ans.

Sur les bons soins que témoignent les instituteurs aux pupilles et sur la tenue de ceux-ci à l'école, nous citerons le passage suivant d'un rapport de l'inspecteur principal de la Seine (1) : « Presque tous les instituteurs témoignent

(1) V. aussi le rapport de M. Henri Monod au ministre de l'intérieur ; il contient les renseignements les plus précieux sur la façon dévouée dont les instituteurs s'occupent des enfants. A propos de la bonne tenue des pupilles à l'école, voici un fait intéressant recueilli dans ce même rapport : « Pendant les vacances de 1894, M. Jules Siegfried, ancien ministre, et M. Buisson, alors directeur de l'enseignement

aux enfants assistés les mêmes égards qu'aux enfants du pays, leur prodiguant souvent des soins intelligents et dévoués, souvent aussi s'occupant plus particulièrement de leur instruction, en dehors des heures de classe afin de les préparer à l'examen du certificat d'études primaires ; il en est même qui s'inquiètent du bien-être des enfants dans leurs placements, signalent aux directeurs d'agence ceux qui ne sont pas soignés comme ils devraient l'être et se montrent, en fin de compte, de précieux auxiliaires pour l'administration. Les cas de mauvais traitements, infligés dans les écoles, sont tout à fait exceptionnels. La tenue des enfants à l'école est, en général, assez convenable. L'inspection a constaté qu'il n'y a presque jamais de différence à cet égard entre les enfants assistés et ceux du pays, s'il en existe une, elle est toute à l'avantage des premiers. »

Les enfants assidus à l'école et appliqués au travail, ceux dont les instituteurs s'occupent spécialement, acquièrent un degré d'instruction suffisant ; dans beaucoup d'écoles ils sont les premiers de leur classe. Les résultats ne sont pas aussi beaux dans les communes où les instituteurs ont de très nombreux élèves, car ils ne peuvent s'occuper également de tous. Il se trouve aussi parmi les pupilles de l'assistance des enfants paresseux ou privés d'intelligence, d'autres enfin ne peuvent pas toujours étudier à la maison,

primaire, visitaient des écoles dans les Hautes-Alpes. Dans les écoles de filles aussi bien que dans celles de garçons, ils furent frappés de la bonne mine, de la bonne tenue, de l'intelligence et de l'aptitude de quelques enfants. Ils s'informèrent et ne furent pas peu surpris d'apprendre que ces enfants étaient des pupilles de l'assistance. »

occupés qu'ils sont souvent par leurs nourriciers à divers travaux en dehors des heures de classe. « Rien ne pourrait pourtant les empêcher de travailler, même au milieu de leurs occupations journalières, s'ils en avaient le désir ou la ferme volonté, car les inspecteurs en ont rencontré aux champs un livre entre les mains. »

Il est dans l'intérêt de toutes les administrations d'assistance d'encourager leurs élèves au travail et de les pousser à l'obtention du certificat d'études primaires.

L'enfant assisté qui en est pourvu a plus de chances d'un prompt avenir ; il peut entrer immédiatement en apprentissage. L'administration, de son côté, peut trouver un bénéfice de réduction de 6 mois, d'un an, ou même de 18 mois sur la durée de la pension qu'elle sert pour ses pupilles.

Aussi, dans le but d'exciter l'émulation de tous, élèves, nourriciers et même instituteurs, plusieurs conseils généraux ont institué une récompense spéciale en faveur des enfants qui obtiennent, à 11 ou à 12 ans, le certificat d'études primaires. Cette récompense consiste généralement en une somme de 50 francs ainsi répartie : 20 francs à l'instituteur, 20 francs aux nourriciers, 10 francs à l'élève pour placement à la caisse d'épargne.

Ailleurs (en Maine-et-Loire notamment) tout élève de l'assistance, pourvu du certificat avant 13 ans révolus et présentant d'ailleurs de bonnes conditions de conduite et de docilité, reçoit une montre en argent.

Dans le service du département de la Seine, l'obtention

du certificat d'études primaires donne lieu à une récompense de cent francs, dont 50 francs pour les nourriciers, 40 francs pour l'instituteur et 10 francs pour l'élève. Selon les prescriptions de la circulaire administrative du 24 juin 1887, la récompense de 10 francs est délivrée en nature ou en espèces, suivant le désir exprimé par l'élève ; dans quelques agences, l'élève n'est pas consulté, le montant de la récompense est versé d'office à la caisse d'épargne.

Les résultats obtenus par les pupilles aux examens montrent aussi la bonne instruction des enfants.

Voici les chiffres que nous trouvons dans le rapport de M. le directeur de l'Assistance publique de Paris à M. le préfet de la Seine, paru en 1897 (Gestion de 1896 et propositions pour le budget de 1897) :

« 757 élèves, 444 garçons et 313 filles, se sont présentés à l'examen du certificat d'études et 499, dont 294 garçons et 205 filles, ont obtenu ce certificat, soit une proportion de 65, 12 0/0.

« Parmi ces 499 enfants, 392 avaient moins de 13 ans.

« En 1895, le nombre des certificats d'études obtenus était de 450 et, eu égard au nombre des candidats, il représentait une moyenne de 64,84 0/0.

« Le nombre des certificats d'études obtenus par nos pupilles depuis dix ans est le suivant :

Année 1887. . .	137 certificats	Année 1892. . .	334 certificats
» 1888. . .	99 »	» 1893. . .	339 »
» 1889. . .	171 »	» 1894. . .	343 »
» 1890. . .	224 »	» 1895. . .	450 »
» 1891. . .	285 »	» 1896. . .	499 (1) »

(1) Voici les chiffres pour l'année 1897 : sur 4.329 enfants de 11 à

Les pupilles de la Seine, âgés de moins de 13 ans, qui ont obtenu le certificat d'études primaires ne cessent pas de fréquenter presque tous l'école ; quelques-uns seulement sont loués en qualité de domestiques agricoles et gagés selon la coutume du pays.

Les années passées à l'école auront donné à l'enfant assisté autre chose que l'instruction proprement dite. De l'enseignement de ses maîtres, de ses lectures se seront dégagées des impressions qui auront développé en lui l'être moral. L'administration a soin de le placer dans une famille honnête, afin que les exemples qu'il y recevra agissent aussi sur son intelligence et sur son cœur. La probité de ses nourriciers, leur labeur, leur économie, toutes les qualités que la terre impose à ceux qui la travaillent ne seront pas sans influence sur lui. Il comprendra qu'il doit acquérir les fortes vertus qui, chaque jour, se pratiquent devant ses yeux. Il aura ainsi la formation morale de tous ceux qui sont élevés à la campagne.

« Dans les visites aux pupilles, écrit M. Henri Monod, la préoccupation constante de l'inspecteur ou du sous-inspecteur, dominant de très haut celles du coucher et de la nourriture, celle de l'épargne, celle même de la fréquentation de l'école, doit être de discerner dans quel sens s'opère le développement moral de l'enfant, si chez lui s'est éveillée et grandit la notion du devoir, s'il comprend par

13 ans, 903 se sont présentés à l'examen ; 456 ont été reçus avant 13 ans, 177 à 13 ans ; au total, 633 enfants ont obtenu leur certificat d'études primaires ; c'est un grand progrès sur l'année précédente.

quels efforts sur lui-même il doit se préparer à répondre un jour à la sollicitude dont il a été l'objet quand il était sans famille, sans abri et sans pain. Beaucoup d'enfants le comprennent ; de nombreux traits, cités par les rapports, montrent la vivacité chez eux de ce sentiment qui se traduit souvent en ces mots : « Je veux plus tard faire pour d'autres ce que l'on a fait pour moi ».

L'instruction religieuse vient s'ajouter, pour les enfants assistés comme pour les autres enfants, à la formation morale. Les prescriptions relatives à cette matière n'avaient pas à trouver leur place dans les lois fondamentales du service ; celles-ci ne peuvent en effet entrer dans tous les détails de l'éducation de l'enfant, mais elles ont été formulées dans quelques circulaires ministérielles, entre autres celle du 8 février 1823, et reproduites dans les règlements départementaux.

Le règlement-modèle de 1862, type des mesures le plus généralement adoptées, statue comme il suit, dans son article 64 : « Les enfants doivent assister aux offices divins, notamment à la messe du dimanche et des jours fériés et lorsque l'âge en est venu, aux exercices du catéchisme.. »

L'article 39 de l'instruction générale sur le service extérieur des enfants assistés de la Seine est ainsi conçu : « Les enfants... doivent être envoyés aux offices des dimanches, et en outre assister aux instructions religieuses de la paroisse, à partir de l'ouverture du catéchisme de l'année où ils atteignent dix ans jusqu'à ce qu'ils aient fait leur première communion. »

Dans la pratique, la plus large initiative est laissée aux nourriciers en ce qui concerne l'envoi des enfants aux offices, mais tous les pupilles font leur première communion, sauf ceux que leurs parents auraient déclarés comme n'appartenant pas au culte catholique ; on se conforme pour ces derniers aux désirs exprimés par les parents.

« A un point de vue uniquement social et humanitaire, fait remarquer un inspecteur, il y a un intérêt de premier ordre à ce que les enfants assistés vivent de la vie de tout le monde, suivent les usages de la population au milieu de laquelle ils sont élevés, soient, en un mot, aussi peu différenciés que possible des autres enfants.

« En immense majorité, les élèves de l'assistance suivent la carrière agricole : un enfant de 13 à 14 ans, n'ayant reçu aucune éducation religieuse, ne trouverait pas à se placer en service chez des cultivateurs ; au point de vue de son avenir, il serait dans des conditions très marquées d'infériorité vis-à-vis des autres enfants du même âge (1). »

Il est bon également que le pupille de l'assistance soit initié, dès son jeune âge, aux travaux de la campagne, puisqu'il est destiné à devenir un cultivateur. Son nourricier pourra utiliser les jours où il n'y a pas classe pour le mener aux champs avec lui, pour l'employer à la garde des bestiaux. Il pourra même, en dehors des heures où l'enfant doit être à l'école, lui faire exécuter quelques menus travaux. Mais il ne devra lui imposer aucune fatigue qui

(1) *De l'administration des enfants assistés*, par Métérié-Larrey, inspecteur, et Drimon, sous-inspecteur, Paris, 1897.

excéderait ses forces, il ne lui fera pas manquer l'école, il lui laissera le temps nécessaire pour faire ses devoirs et étudier ses leçons. Il n'aura pas le droit non plus de le priver du repos du dimanche.

Toutes les autres obligations du nourricier se résument dans ces deux mots de l'arrêté du 30 ventôse an V : nourrir et entretenir convenablement l'enfant.

En général, celui-ci est aussi bien soigné que possible, il est traité comme les autres enfants de la maison et les sévices exercés sur lui sont excessivement rares.

Les mauvais traitements pourraient d'ailleurs très difficilement s'exercer à l'insu des inspecteurs. Ils voient les enfants dans leurs tournées, les questionnent et s'assurent, par des renseignements puisés à diverses sources, de la façon dont ils sont tenus et traités. Par les feuilles de renseignements qu'ils transmettent dans les mairies ; par les instituteurs qui, chaque trimestre, doivent leur faire parvenir les états de présences scolaires des pupilles, ainsi que des notes sur les soins qu'ils reçoivent et enfin par le nombreux public qui fréquente tous les jours leurs bureaux, ils sont parfaitement au courant de ce qui se passe dans les divers placements. Ils ne manqueraient pas d'ailleurs d'être immédiatement prévenus si l'enfant manquait du nécessaire ou était maltraité, car les rivalités et les jalousies qui existent dans tous les villages porteraient bientôt à leur connaissance les faits répréhensibles.

CHAPITRE VIII

Dans chaque département, le taux des salaires des nourrices et des pensions des gardiens est déterminé par un arrêté préfectoral, après le vote des crédits utiles par le conseil général.

Ce taux sera plus ou moins élevé suivant que l'état des finances départementales sera plus ou moins prospère ou que l'esprit de générosité des conseillers généraux sera plus ou moins développé.

Nous pensons qu'il est utile de donner quelques chiffres ; nous les prenons dans l'exposé des motifs du projet de loi du 18 février 1892.

Voici quels étaient, à cette époque, les salaires payés aux nourrices : le conseil général de la Seine leur attribuait 25 francs par mois. Pour l'ensemble des départements, la moyenne du salaire était de 19 fr. 43 par mois ou de 0 fr. 647 par jour. Dans 42 départements, le salaire mensuel était inférieur à 20 francs ; il variait entre un maximum de 18 francs (0 fr. 60 par jour) et un minimum de 12 francs (0 fr. 40 par jour). Il faut toutefois citer trois départements où il descendait plus bas encore ; il était de

10 francs par mois (0 fr. 33 par jour) dans le territoire de Belfort ; de 9 francs par mois (0 fr. 30 par jour) dans la Haute-Savoie et enfin de 7 francs par mois (0 fr. 23 par jour) dans le Finistère.

Le taux des pensions pour les pupilles de 7 à 13 ans était, pour l'ensemble des départements, de 8 fr. 90 par mois, de 0 fr. 296 par jour. Le taux mensuel du département de la Seine était de 13 francs ; dans les deux tiers des autres départements, soit 58, il était inférieur à 12 fr. ; les nourriciers y recevaient, pour nourrir et entretenir l'enfant, de 0 fr. 35 à 0 fr. 40 par jour. Disons cependant que certains de ces départements accordaient en outre des primes de fréquentation scolaire, mais qui n'augmentaient que dans une faible mesure les tarifs dont nous venons de donner une idée. Enfin, il y avait encore seize départements où aucune pension n'était plus payée dès que les pupilles avaient douze ans révolus.

En outre et indépendamment des salaires et pensions, il y a les indemnités prescrites par l'arrêté directorial du 30 ventôse an V. Elles sont toujours obligatoires suivant la circulaire du 3 août 1869. Leur taux et les conditions auxquelles elles sont accordées sont réglés dans l'article 8 de l'arrêté.

La première indemnité, applicable aux neuf premiers mois de la vie de l'enfant, est de 18 francs et se paie par tiers, de trois mois en trois mois. En 1892, elle était payée par 59 départements ; dans 49 d'entre eux, malgré l'énorme augmentation des prix survenue depuis l'an V, elle était

fixée toujours à 18 francs, dans les 11 autres, sa quotité
était comprise entre un minimum de 9 francs et un maximum de 50 francs.

La deuxième indemnité, de 50 francs, revient aux nourriciers, qui, ayant conservé jusqu'à 12 ans un pupille de
l'assistance publique, l'ont préservé de tout accident provenant de défaut de soins.

Ces chiffres démontrent que, dans un assez grand nombre de départements, les rétributions sont insuffisantes.

L'administration qui confie un pupille à une nourrice ou
à un nourricier « n'est pas en droit de demander un acte de
charité ; elle passe un contrat à titre onéreux, une de ces
conventions qui, d'après l'article 1106 du Code civil, assu-
jettit chaque partie à donner ou à faire quelque chose ».

Les deux chapitres précédents ont été consacrés à exposer quelles étaient les obligations imposées à l'une des parties contractantes ; ces obligations sont assez minutieuses,
assez étroites ; l'autre partie doit, en retour, fournir des
prestations au moins équivalentes.

Il faut aller plus loin et approuver les auteurs du projet
de loi qui soutiennent que la rétribution des nourrices et
des nourriciers ne doit pas être seulement « la compensation de leurs charges » mais doit être calculée « de manière que ces personnes, après l'exécution loyale de leurs
engagements, réalisent un bénéfice. Ce profit n'est pas seulement licite : il est la cause de l'obligation ».

Beaucoup de départements, avec les tarifs actuels, sont
dans l'impossibilité de trouver des nourrices convena-

bles : « Elles appartiennent presque toutes à des familles misérables qui ont à peine de quoi vivre elles-mêmes. Les enfants manquent trop souvent de l'alimentation convenable pour se développer et ils se ressentent longtemps des privations endurées pendant leurs premières années. Presque tous sont élevés au moyen du biberon à tube » (1). D'autres enfants, obligés d'attendre en vain un placement dans l'hospice dépositaire, meurent en grand nombre. M. le docteur Carof, médecin de la Maternité de Brest, écrivait dans un rapport à MM. les administrateurs de l'hospice : « Le seul moyen d'éviter cette grande mortalité serait d'avoir des nourrices au sein inscrites et venant au premier appel. Mais ces femmes refusent d'allaiter les enfants trouvant l'allocation de 7 francs par mois insuffisante pour les défrayer des soins et des charges que leur impose un enfant au sein et surtout aujourd'hui que tout a renchéri. Il faudrait donc augmenter dans une proportion convenable cette rémunération mensuelle. »

Pour les enfants en âge d'aller à l'école, les inconvénients sont d'une autre nature, nous en avons déjà dit un mot.

« Il faut laisser violer la loi de 1882, écrit l'inspecteur de l'Aveyron, placer les enfants dès douze ans parce que la pension n'est plus payée ; on les place comme petits domestiques ou bergers afin qu'ils puissent gagner pour pourvoir à leurs besoins. »

(1) Rapport de l'inspecteur de l'Aveyron, 1893,

« Sur 284 enfants qui avaient l'âge scolaire, lisons-nous dans un rapport de l'inspecteur du Finistère, 136 seulement ont suivi plus ou moins régulièrement les classes... Un grand nombre de nourriciers, auprès desquels nous insistions pour que les pupilles fréquentassent l'école, nous ont répondu que le prix de pension était trop faible et que, s'il fallait les envoyer à l'école, ils préféreraient les reconduire à l'hospice. Appliquer le règlement sur ce point, c'était encombrer les hospices. Le remède est dans le relèvement des prix de pension. »

En présence d'un tel état de choses, on est amené à formuler les conclusions suivantes : il est de toute nécessité d'élever les tarifs, de rendre le paiement de la pension obligatoire jusqu'à 13 ans, de régler autrement les indemnités de l'article 8 de l'arrêté de ventôse et d'attribuer en particulier aux nourrices une prime de survie beaucoup plus élevée que celle qui est donnée aujourd'hui, de telle sorte que son intérêt et celui de l'enfant soient solidaires.

Sous ce rapport, les réformes proposées par le projet de loi de 1892 sont excellentes.

La nourrice aurait un salaire mensuel fixe et une allocation éventuelle qui lui serait acquise lorsque le pupille aurait atteint l'âge de 15 mois ; cette allocation serait proportionnelle au nombre de mois pendant lesquels la nourrice aurait gardé l'enfant.

Le nourricier recevrait de même chaque mois une pension, de plus, celui qui aurait gardé un pupille pendant dix ans au moins, l'aurait élevé avec soin et envoyé régulièrement à l'école pourrait recevoir, lorsque l'enfant aurait 13 ans, une récompense dont la quotité serait fixée par le conseil général (art. 22).

L'article 25 rend obligatoire le paiement de la pension jusqu'à ce que le pupille ait 13 ans révolus ; le conseil général a la faculté de la prolonger, s'il le juge à propos.

Enfin, et c'est là la réforme principale, pour assurer une élévation suffisante des tarifs, les dispositions suivantes sont prises dans l'article 56 : un tableau annexé à la loi de finances déterminerait par zones les tarifs minima des salaires de nourrice, des primes de survie et des prix de pension ; ce tableau serait dressé après enquête et avis des conseils généraux et révisé tous les 5 ans. Les dépenses ayant pour objet l'application de ces tarifs minima, la fourniture des layettes aux nourrissons, la fourniture des vêtures aux pupilles âgés de moins de 13 ans, les frais d'assistance médicale constitueraient pour le département des dépenses obligatoires.

Les auteurs du projet de loi estiment que « la prérogative des conseils généraux doit fléchir ici devant l'intérêt social de la conservation des pupilles, de leur bonne éducation, de leur mise en valeur ».

Le gouvernement aurait d'ailleurs non un droit de décision, mais simplement un droit d'initiative. « La fixation des tarifs minima serait précédée d'une enquête et de l'avis des conseils généraux, et la décision émanerait du Parlement. » La révision, opérée à des intervalles rapprochés, donnerait aux départements une garantie nouvelle. Les tarifs seraient déterminés par zones, pour le motif que l'argent n'a pas, dans toutes les régions, le même pouvoir d'achat.

On a prévu enfin le cas où un conseil général omettrait ou refuserait d'inscrire au budget un crédit suffisant pour l'acquittement des dépenses obligatoires du service : il y serait alors pourvu au moyen d'une contribution spéciale, portant sur les quatre contributions directes ; cette contribution serait établie par un décret, si elle était dans les limitesdu maximum fixé par la loi des finances ; par une loi si elle devait excéder ce maximum. Le décret serait rendu sur l'avis du conseil d'Etat (Projet de loi du 18 février 1892, art. 57).

Comment s'effectue le paiement des salaires et pensions aux nourrices et nourriciers ?

Après l'expiration de chaque trimestre et sur l'envoi par le maire d'un certificat de vie ou d'un bulletin de décès de l'enfant, les administrations des hospices dépositaires dressent les états de sommes à payer à chaque nourrice ou nourricier. Les états de paiement, certifiés par l'un des administrateurs de l'hospice dépositaire, sont transmis avec un bordereau récapitulatif au préfet, qui, après vérification, en mandate le total au nom du trésorier payeur général (1).

(1) A Paris, les dépenses sont ordonnancées par le directeur de l'administration de l'Assistance publique, délégué à cet effet par le préfet de la Seine.

Les directeurs d'agence dressent les décomptes et les font parvenir à l'administration au commencement de chaque trimestre.

Les receveurs des hospices dépositaires paient, sous leur responsabilité, les mois de nourrice et pensions des enfants assistés placés dans la commune où est situé l'hospice. Dans toutes les autres communes, le paiement est effectué par les percepteurs (Ordonnance royale du 8 février 1835). Les nourrices doivent être prévenues à l'avance du jour où ces comptables se rendront dans leurs communes. Il résulte de la circulaire du 15 juin 1876 que les percepteurs doivent se mettre en mesure d'acquitter les salaires au jour de leur tournée en la commune 'de la résidence des nourrices, sans avoir à compter, pour ce paiement, sur la rentrée des impôts qui pourra ou non s'effectuer le même jour dans la commune. « Toute autre manière de procéder, dit la circulaire, est d'autant plus regrettable qu'il s'agit d'un service de bienfaisance à l'égard duquel l'exactitude est doublement indispensable. »

Les nourriciers donnent quittance au moyen d'un émargement (Décision ministérielle du 25 décembre 1832). Pour les illettrés, les comptables se conforment aux prescriptions de la circulaire du 8 juin 1853 : « Il est important que, pour l'attestation des paiements, les comptables se pourvoient eux-mêmes des témoins nécessaires, afin d'éviter aux nourriciers la charge d'exigences, qui, pour se produire avec une certaine apparence de légitimité, n'en constituent pas moins un abus fâcheux. »

Le paiement ne doit avoir lieu que sur la représentation au comptable du livret spécial d'élève de l'assistance ou de toute autre pièce en usage dans le département.

Les enfants assistés placés hors du département donnent lieu à des décomptes dressés en la même forme que pour les autres enfants : les paiements seront faits au moyen des relations de trésorerie entre les receveurs généraux des deux départements.

Par une circulaire du 9 mai 1879, le ministre de l'intérieur a fait ressortir les avantages que présenterait la substitution de mandats individuels aux états collectifs d'émargement, particulièrement au point de vue de la célérité à apporter dans le paiement des mois de nourrice et pensions. Au lieu d'attendre la tournée mensuelle du percepteur, les intéressés pourraient, dès la réception de leur mandat individuel, aller en toucher sans délai le montant à sa caisse.

En vertu de l'arrêt de la Cour de cassation du 28 janvier 1850, les salaires des nourrices sont insaisissables. Cet arrêt s'appuie sur l'article 581 du Code de procédure civile, concernant les pensions alimentaires et aussi sur l'article 88 de la loi du 27 ventôse an VIII. Il considère les sommes allouées aux nourrices comme destinées à l'assistance des enfants, comme données en vue de subvenir à l'alimentation de ceux-ci et non pour procurer un salaire à celles-là. « Ces sommes ont donc un caractère alimentaire et, à ce titre, elles sont insaisissables entre les mains des nourrices sans l'inermédiaire desquelles les enfants n'en profiteraient pas. »

Il résulte aussi d'une circulaire du 19 août 1833 que les percepteurs chargés du paiement des mois de nourrice et pensions ne sauraient les retenir, en totalité ou en partie, en paiement des contributions qui seraient dues par les nourrices et nourriciers.

L'administration se charge seule de procurer à ses pupilles les vêtements dont ils ont besoin.

Il est remis à chaque nourrice une layette au moment où on lui confie un nouveau-né. Une vêture annuelle est ensuite accordée à l'enfant à partir de la deuxième année jusqu'à la douzième ou treizième année accomplie (1).

Conformément à l'article 5 de la loi de 1869, les prix des layettes sont réglés tous les cinq ans par un arrêté du préfet, sur la proposition des commissions administratives des hospices et après avis du conseil général. Les objets qui doivent entrer dans leur composition sont réglés de la même manière.

La circulaire du 3 août 1869 décide que la composition et le prix des vêtures pourront être annuellement révisés. Elle recommande que les étoffes choisies soient solides, de bonne qualité, appropriées à l'âge et au sexe de l'enfant. « Dans la confection des vêtements, on évitera ce qui offrirait trop l'apparence et le caractère d'un costume spécial et tendrait à établir une distinction pénible entre l'élève des hospices et les enfants avec lesquels il est appelé à vivre. »

(1) Il est alloué une indemnité aux nourriciers pour l'achat des coiffures et des chaussures dont les enfants ont besoin. Une circulaire du directeur de l'Assistance publique de Paris, en date du 15 février 1889, autorise les directeurs d'agence du service du département de la Seine à opérer des retenues aux nourriciers qui s'attribueraient cette indemnité.

La circulaire ajoute : « Il a été entendu que les hospices continueraient à acheter ou à confectionner les layettes et vêtures, sauf remboursement ultérieur sur production de mémoires réglés par les préfets. L'expérience, en effet, a démontré que, pour être fait utilement et économiquement, ce service doit être confié aux commissions administratives. Ainsi que l'a déclaré l'exposé des motifs de la loi de 1869, les connaissances, le zèle, la probité, la surveillance des administrations hospitalières garantissent tout à la fois que, sortant de leurs mains, les vêtures atteindront le but qu'on se propose sans que la dépense atteigne des proportions exagérées. Les mêmes garanties ne se rencontreraient point ailleurs. »

Les administrations d'assistance ne peuvent pas remplacer la fourniture des layettes et vêtures par une augmentation de la pension mensuelle accordée aux nourrices et nourriciers. Ces procédés ont été proscrits par le ministère de l'intérieur dans une circulaire du 24 décembre 1836.

Les nourrices et nourriciers sont responsables des layettes et vêtures qui leur ont été délivrées. Ils sont tenus d'en faire la remise au cas de décès de l'enfant. Il n'y a lieu toutefois à aucune restitution s'il s'agit d'objets dont l'usage remonte à plus de sept mois. Si la remise prescrite n'est pas opérée, il doit être fait une retenue aux nourrices ou nourriciers, sur les salaires qui leur sont dus, jusqu'à concurrence de la valeur des layettes et vêtures qu'ils auraient dû restituer (Circulaire du 8 février 1823 et règlement-modèle de 1862). Ces objets, convenablement appropriés, peuvent en effet entrer dans la composition de nouvelles layettes et vêtures.

Il ne faut pas que les nourrices et nourriciers aient à s'imposer une dépense quelconque pour venir chercher les layettes et vêtures aux hospices dépositaires. Lorsqu'elles n'ont pas été remises avec l'enfant, elles sont adressées, aux frais de l'hospice, au domicile des nourrices et gardiens.

Toutes les dépenses du service ayant été mises à la charge du département par la loi du 5 mai 1869, les hospices doivent être remboursés des avances qu'ils ont faites pour les transports de trousseaux.

CHAPITRE IX

L'ENFANT ASSISTÉ AU-DESSUS DE TREIZE ANS.

SOMMAIRE. — § 1er. Règles relatives à cette période de la vie de l'enfant. — Art. 17 du décret du 19 janvier 1811. — Art. 14 de l'arrêté du 30 ventôse an V. — Placements des garçons dans l'agriculture ou l'industrie. — Placements des filles. — Contrats d'apprentissage. — Troisième indemnité de ventôse. — Versement d'une partie des salaires à la caisse d'épargne. — Montant des économies des pupilles. — Dissolution du contrat par l'appel à l'armée.
§ 2. Projets et tentatives pour améliorer la situation des pupilles. — Pupilles mieux doués. — Écoles professionnelles de l'Assistance publique de Paris. — Tentatives de colonisation de l'Algérie par les enfants assistés.

I

L'enfant assisté a atteint l'âge de treize ans ; il a cessé d'aller à l'école ; le moment est venu de faire son éducation professionnelle, de le préparer au métier qu'il exercera plus tard.

L'article 17 du décret du 19 janvier 1811, qui est relatif à cette troisième période de la vie de l'enfant, est ainsi conçu : « Les enfants ayant accompli l'âge de douze ans, desquels l'Etat n'aura pas autrement disposé, seront, autant que faire se pourra, mis en apprentissage : les garçons chez des laboureurs ou des artisans ; les filles, chez des ménagères, des couturières ou autres ouvrières ou dans des fabriques et manufactures. »

Le texte de cet article inspire deux courtes observations :
1° répétons que ce n'est plus à 12, mais à 13 ans que doit
prendre fin le paiement de la pension, depuis la loi du
28 mars 1882, et que la plupart des départements ont modifié leurs règlements en ce sens ; 2° en parlant des enfants
dont l'Etat n'aura pas autrement disposé, notre article 17
fait allusion à cette disposition de l'article 9, d'après laquelle, à l'âge de douze ans, les enfants mâles en état de
servir, devaient être mis à la disposition du ministre de la
marine ; nous avons eu l'occasion de dire qu'aucun gouvernement n'avait usé du droit rigoureux qui lui est attribué par cet article 9.

Sous le bénéfice de ces observations, l'article 17 fixe
encore les principes qui règlent la dernière formation des
enfants abandonnés.

L'arrêté du 30 ventôse an V pose, dans son article 14,
une règle qui complète les dispositions du décret de 1811
et qui est toujours observée : « Les nourriciers et autres
habitants qui auront élevé jusqu'à douze ans les enfants
qui leur auront été confiés pourront les conserver préféra-
blement à tous les autres, en se chargeant néanmoins de
leur faire apprendre un métier ou de les appliquer aux
travaux de l'agriculture. »

On reconnaît la préoccupation de fortifier, autant que
possible, les liens d'affection qui ont pu se former entre
les nourriciers et l'enfant et de donner à celui-ci les moyens
de se créer une famille d'adoption.

La réalisation de l'idée qui a dicté cet article est si désirable qu'elle a été exprimée dans le projet de loi du conseil supérieur de l'assistance publique et dans celui du gouvernement, en 1892.

Mais il est nécessaire que les conditions et garanties offertes par le nourricier soient égales à celles que le pupille trouverait ailleurs. « Il importe en effet de tenir compte, dit l'exposé des motifs du projet, d'un instinct de défiance qui sera ici trop naturel, l'enfant sans famille ne doit pas être induit à croire que sa main-d'œuvre est estimée moins qu'elle ne vaut, que son ancien nourricier, devenu son patron, va profiter de la situation pour le payer moins qu'il n'aurait été payé ailleurs. Au lieu de se resserrer, le lien d'affection qui avait pu se former entre l'enfant et le nourricier serait ainsi promptement brisé : il ne suffit pas que le pupille ne soit pas exploité, il faut qu'il ait la conscience de ne pas l'être ; il est nécessaire que l'inspecteur puisse lui démontrer qu'il ne l'est pas. »

Souvent, ceux des nourriciers qui ne peuvent prendre eux-mêmes en condition les enfants qu'ils ont élevés s'occupent de leur trouver une place à proximité de leur résidence, afin de veiller sur eux et de les soigner, au besoin, quand ils sont malades ; ils facilitent ainsi la tâche des inspecteurs et des directeurs d'agence qui, sans ce concours indirect, se trouveraient parfois embarrassés en ce qui touche les locations. Les engagements des grands élèves ne s'effectuent pas en effet sans difficulté. Si les débouchés ne manquent pour ainsi dire nulle part, encore faut-il quelques efforts pour les découvrir et les utiliser ensuite au mieux des intérêts des pupilles.

Dans la plupart des agences de l'Assistance publique de Paris, on procède à la location des grands élèves au moment des « louées » ou foires de domestiques qui se tiennent à des dates fixes, suivant les régions. Ces foires ont de grands avantages, aussi des directeurs bien inspirés ont-ils employé leur activité à en innover dans leurs agences.

L'immense majorité des pupilles est dirigée vers la profession agricole ; c'est la conséquence naturelle du long séjour qu'ils ont fait à la campagne. Cette profession leur offre de précieux avantages ; elle ne nécessite point d'apprentissage coûteux ; un enfant de 14 ans peut immédiatement gagner un salaire, qui varie selon les régions, mais qui est suffisant pour son entretien. Toutefois, pour ceux que leur état physique ou leurs dispositions naturelles rendent impropres aux travaux des champs, on a recours à d'autres placements.

Assez souvent, ils sont mis chez des petits patrons des bourgs, dont ils apprennent le métier : boulangers, cordonniers, maçons, maréchaux-ferrants, menuisiers, sabotiers, tailleurs. Nous citons ces professions parce que ce sont celles qui, en fait, attirent le plus d'enfants (1). D'autres fois, on les fait entrer dans des industries plus développées, par exemple dans des ateliers de coutellerie, d'imprimerie, dans des filatures, des verreries.

Dans les pays miniers, on rencontre des engagements

(1) Rapport du directeur de l'Assistance publique au préfet de la Seine, 1897, tableau n° 15.

effectués chez les mineurs. L'administration ne les voyait pas autrefois avec beaucoup de faveur; elle tenait à ce que les enfants fussent employés surtout aux travaux extérieurs, elle n'aimait pas beaucoup les autoriser à descendre dans la mine. On semble revenir maintenant de cette première mauvaise impression.

Les enfants de l'Assistance publique de Paris, placés chez des mineurs, sont répartis dans quelques agences du Nord, principalement dans celle de Béthune. Pour montrer les avantages de ces placements, M. Peyron, directeur de l'Assistance publique de Paris, dans son rapport du 31 juillet 1897, reproduit l'appréciation de l'inspecteur départemental qui, en 1896, a procédé à l'inspection de l'agence de Béthune:

« Une véritable aisance règne dans chaque ménage. L'habitation n'a plus ses murs en torchis; elle est saine et bien distribuée. Le ménage est d'une propreté rare, abondamment fourni de tous les meubles et ustensiles nécessaires. Le genre de vie des mineurs ne peut se comparer à celui des campagnards.

« On gagne de l'argent dans la maison, tout le monde s'en ressent et nos enfants sont mieux que partout ailleurs. Quant à leur avenir, s'ils veulent suivre la destinée de leurs nourriciers, je la trouve de beaucoup supérieure à celle des serviteurs à gages.

« L'embauchage dans une mine est une faveur; n'y descend pas qui veut et, pour mon compte, je serais heureux de voir beaucoup de nos enfants obtenir ce privilège. »

D'autres pupilles de l'Assistance publique de Paris (un très petit nombre) sont placés chez des marins ou pêcheurs. Ils suivent leurs patrons en mer et touchent dans le produit de la pêche une part variable suivant leur âge. « Ces placements ne sont ni meilleurs ni pires que les placements ordinaires, mais ils offrent cet avantage de permettre à nos pupilles, embarqués comme pêcheurs ou marins, d'acquérir la qualité d'inscrits maritimes, provisoires d'abord, puis définitifs. Ils offrent ainsi une ressource précieuse pour ceux de nos élèves ayant la vocation maritime. » (Rapport du directeur de l'Assistance publique du 31 juillet 1897.)

Quant aux jeunes filles, celles qui deviennent des domestiques sont de beaucoup les plus nombreuses. La profession dans laquelle on les rencontre ensuite le plus fréquemment est celle de couturière. Les services de province placent beaucoup de leurs jeunes filles dans des établissements industriels, orphelinats ou ouvroirs fondés, en général, par l'initiative privée ; on les y reçoit habituellement avant l'âge de 13 ans, une pension est payée à l'établissement à condition que l'instruction primaire de l'enfant ne soit pas négligée ; après 12 ans, le travail de la pupille, devenant rémunérateur, suffit pour son entretien ; le surplus de ce qu'elle gagne est placé à la caisse d'épargne. On fait, dans ces maisons, soit de la couture en grand, soit de la bonneterie, de la passementerie, etc. ; dans quelques régions, les jeunes filles sont occupées au moulinage et au dévidage de la soie. Les manufactures ordinaires peuvent aussi recevoir des pupilles de l'assistance comme apprenties.

Les inspecteurs s'assurent, au cours de leurs tournées, de l'application, en ce qui touche les jeunes gens et jeunes filles placés dans les industries ou les mines, des principales dispositions de la loi du 2 novembre 1892 sur le travail des enfants et des filles mineures dans les établissements miniers ou industriels.

Lorsque l'administration place l'enfant en apprentissage, un contrat est passé avec le patron. L'article 18 du décret du 19 janvier 1811 réglait ainsi les conditions de ce contrat: « Les contrats d'apprentissage ne stipuleront aucune somme en faveur ni du maître ni de l'apprenti, mais ils garantiront au maître les services gratuits de l'apprenti jusqu'à un âge qui ne pourra excéder vingt-cinq ans et à l'apprenti la nourriture, l'entretien et le logement ».

L'article 13 du décret de ventôse an V portait simplement que les commissions des hospices civils, sous la surveillance et approbation des autorités constituées auxquelles elles sont subordonnées, feraient des transactions particulières avec ceux qui se chargeraient des pupilles.

L'article 18 du décret de 1811 est heureusement devenu lettre morte. Une disposition qui engageait les services de l'apprenti jusqu'à l'âge de vingt-cinq ans était beaucoup trop dure. En fait, elle était inapplicable. Ce qui s'était produit déjà sous l'ancien régime aurait dû instruire les auteurs du décret.

Le décret de 1811 ne put être mieux obéi que le règlement de l'hôpital général de 1761. Quel était le pupille, devenu jeune homme, qui eût pu se résigner à rester jusqu'à vingt-cinq ans sans gagner d'argent ? Les grands élèves de l'administration désertaient leur placement et en cherchaient un autre où leur travail serait rétribué. L'article 18, par la force des choses, cessa d'être appliqué. Le projet de loi de 1892, confirmant la pratique actuelle, suppose bien qu'un gage sera donné à l'enfant puisqu'il détermine l'emploi de ce gage. Cela est tout à fait juste ; si, à l'époque présente, on engageait encore gratuitement, pour de longues années, les services des enfants assistés, ce serait les mettre hors du droit commun, les placer dans une situation inférieure à celle de leurs camarades du même âge.

Voici comment aujourd'hui les choses se passent : dans les services de province, c'est à l'inspecteur départemental que sont confiées, suivant la circulaire ministérielle du 3 août 1869, la préparation et la signature des contrats d'apprentissage. Les textes qui en chargeaient les commissions hospitalières ne sont pas abrogés, mais celles-ci ont cessé d'exercer leurs attributions sous ce rapport ou les ont même déléguées à l'inspecteur ; l'administration centrale a d'ailleurs contribué, par une action constante, à transformer les règles du service pour tout ce qui est relatif à l'exercice de la tutelle ; nous aurons à étudier longuement cette évolution.

Le directeur de l'Assistance publique de Paris ayant conservé sans partage la tutelle des enfants assistés du dépar-

tement de la Seine, les directeurs d'agence, ses représentants, préparent les contrats d'apprentissage pour les pupilles de leur circonscription. Ils tiennent, en général, à ce
que l'élève soit présent à leurs pourparlers avec le patron,
ils lui apprennent ainsi à discuter lui-même ses intérêts et
lui fournissent le moyen d'acquérir une expérience dont il
aura grand besoin à sa majorité, quand il n'aura personne
à ses côtés pour le conseiller et prendre sa défense.

En général, le contrat est écrit. Il détermine la quotité
des salaires qui seront payés à l'enfant ; une portion sera
employée à ses besoins, une autre sera réservée pour être
placée à son profit à la caisse d'épargne par les soins de
l'administration.

La durée des contrats de placement en service agricole
est limitée à un an, suivant les usages communs à tous les
domestiques d'exploitation rurale.

Pour le placement en apprentissage industriel, l'administration devra se conformer aux dispositions de la loi du
2 novembre 1892 sur le travail des enfants, des filles mineures et des femmes dans les établissements industriels.

C'est par le travail qu'il fournit à son patron que l'enfant
paie son entretien. Toutefois, aux termes de l'article 15 de
l'arrêté du 30 ventôse an V, « les cultivateurs ou manufac-
turiers chez lesquels sont placés des enfants ayant atteint
l'âge de 12 ans (13 ans aujourd'hui), ou ceux qui, les ayant
élevés jusqu'à cet âge, les conserveraient... recevront une
somme de 50 francs pour être employée à procurer à ces
enfants les vêtements qui leur seront nécessaires ». Cette

somme ne doit pas avoir un autre usage, elle constitue la « troisième indemnité de ventôse ».

Dans un grand nombre de départements, elle n'est pas payée en espèces aux patrons, l'administration préfère délivrer aux pupilles, au moment de leur entrée en service ou en apprentissage, une vêture complète de valeur équivalente. C'est ce que l'on nomme la « treizième vêture ». Souvent encore, lorsque l'enfant possède déjà un trousseau, l'indemnité de 50 francs est versée pour lui à la caisse d'épargne.

Nous apprenons par les rapports d'inspection que les gages sont généralement conformes aux prix du pays, ils sont rarement plus élevés. Les garçons sont mieux rétribués que les filles : de 17 à 21 ans, on trouve des garçons gagnant de 200 à 400 francs par an, en regard de filles de même âge n'en gagnant que 150 à 250. Les patrons s'acquittent assez exactement de leurs engagements en ce qui a trait au paiement des salaires. Cela est pour les pupilles qui restent dans l'agriculture, ceux qui entrent dans l'industrie ont le salaire des ouvriers de leur âge.

La portion des gages placée à la caisse d'épargne est destinée à constituer à l'enfant un pécule qui lui sera remis à sa sortie de tutelle, sauf les prélèvements que le tuteur pourra autoriser pendant la minorité.

Le placement à la caisse d'épargne, bien que le plus fréquent, n'est cependant pas le seul. D'autres modes de placement des salaires nous sont indiqués par les discussions qui ont eu lieu au conseil supérieur de l'assistance publique, lorsque fut préparé le projet de loi de 1892.

C'est ainsi que, dans un département, dont le nom n'est pas cité, le pupille place ses gages en bétail qu'il garde lui-même en même temps que celui de ses nourriciers. Ce placement plaît beaucoup aux enfants, leur offre des garanties et constitue en même temps un gage sérieux de leur attachement à la famille où ils sont élevés.

D'autres fois, le pupille engage ses fonds dans une société commerciale ou industrielle de la localité ; des réserves doivent être faites au sujet de cette manière de procéder, il n'est pas bon, en effet, que les économies du pupille soient exposées aux risques souvent inhérents à de tels placements.

A Reims, les livrets de caisse d'épargne ont été remplacés par des livrets de caisse de retraites. De cette façon, on empêche les enfants d'aller retirer leur argent le jour de leur majorité et de le dépenser en quelques semaines ; de plus, à 60 ans, ils sont assurés d'avoir un franc de pension par jour. Mais, il y a des inconvénients à ce que l'enfant assisté ne puisse pas disposer de son pécule à sa majorité ; il peut en avoir besoin alors pour s'établir, ou pour constituer une dot s'il s'agit d'une fille voulant se marier ; si on lui dit que, dans quarante ou cinquante ans, il touchera un franc par jour, il est certain qu'il s'intéressera moins à faire des économies que s'il a tous les jours entre les mains la preuve que, dans quelques années, il possédera la somme entière qui sera pour lui une petite fortune.

Le placement des économies à la caisse d'épargne semble donc mériter la préférence ; c'est d'ailleurs celui que recommande le projet de loi de 1892 dans son article 13. Dans l'exposé des motifs qui suit cet article, il est recommandé d'éviter, autant que possible, les retraits de fonds : « Il est très désirable que le tuteur ne s'adresse à la caisse d'épargne que pour y opérer des versements : toutefois des circonstances se présentent, telles qu'un changement de condition, où une dépense extraordinaire, celle d'un achat de vêtements, par exemple, doit être faite dans l'intérêt du pupille. On ne saurait donc interdire un retrait de fonds ; mais il faudra que le conseil de famille en délibère. Cette procédure est une garantie contre l'exagération possible des retraits. Elle est d'ailleurs conforme aux règles, puisqu'il s'agit d'un acte d'aliénation. »

Il n'est pas bon que la part tout entière du gage non employée à l'entretien soit versée à la caisse d'épargne. Le pupille, ennuyé de n'avoir pas entre les mains une petite somme dont il pourra disposer à son gré, insistera auprès de son patron pour toucher lui-même son salaire ; en cas de refus, il s'évadera. C'est un désordre que nous signale l'inspecteur de la Côte-d'Or. Le préfet de ce département a dû menacer les pupilles récalcitrants et indisciplinés de punitions sévères (1).

En présence de l'opposition entre l'intérêt bien entendu des assistés et des désirs assez naturels à leur âge, la meil-

_____

(1) Voir de Crisenoy, *Annales des assemblées départementales*, 1895, et *Revue des établissements de bienfaisance*, 1894.

leure solution ne serait-elle pas, au lieu de mesures de rigueur, de leur remettre une portion de leurs salaires en leur en laissant la libre disposition? N'est-il pas avantageux que des enfants de 14 à 21 ans soient en mesure, le dimanche et les jours de fête, d'affecter quelques sous à leurs plaisirs, dans une sage limite et dans les mêmes proportions que leurs camarades du même âge, également placés en domesticité et en apprentissage? Un sevrage trop absolu de tout moyen de satisfaire parfois à quelques petites fantaisies, outre les mauvais résultats que l'on nous signale, n'aurait-il pas encore l'inconvénient d'humilier le pupille, de lui faire trop cruellement sentir la tristesse de son isolement et peut-être même de le pousser à quelques mauvaises habitudes de larcin ou de mendicité? Une administration sage s'efforcera, au contraire, de supprimer ou tout au moins d'atténuer, dans la plus large mesure possible, tout ce qui établirait une différence trop marquée entre la vie de ses pupilles et celle de la population ordinaire.

Les réserves que l'on arrive à constituer aux élèves de l'assistance ne sont pas très importantes. Cela tient à la modicité des salaires qui ne permet pas de forts versements et aussi au prélèvement, plus élevé qu'il ne l'était autrefois, opéré sur le montant du gage et consacré au trousseau du pupille. « Il faut donc se féliciter, dans une certaine mesure, écrit l'inspecteur principal de la Seine, de cette diminution du montant de la caisse d'épargne qui semble fâcheuse à première vue, car elle n'est au fond que la manifestation expressive de la tendance qui règne aujourd'hui dans le service et qui a pour but d'assurer à l'enfant assisté, placé en condition, le plus possible de bien-être et de confort. »

Nous trouvons la statistique suivante dans le rapport de M. Henri Monod au ministre de l'intérieur : « A la date du 31 décembre 1897, le montant des économies réalisées par les pupilles atteignait le chiffre de 4.707.870 fr. 36. J'ai fait relever pour chaque département les moyennes par pupilles âgés de plus de 13 ans. Ceux-ci étaient alors au nombre de 47.337. Il convient de remarquer qu'un grand nombre de pupilles de 13 à 15 ans ne gagnent encore aucun salaire et sont, comme on dit, placés « au pair ».

« Le département où la moyenne est de beaucoup la plus élevée est celui de la Meuse ; elle est de 359 fr. 03... Le département classé le second est celui des Ardennes, où la moyenne est de 189 fr. 93. Dans 31 départements, y compris le territoire de Belfort, elle varie de 180 fr. 59 à 101 fr. 79 ; dans 39 départements, elle varie de 100 à 50 fr. Dans 14 départements, elle est inférieure à 50 francs ; dans 3 de ceux-ci elle est inférieure à 20 francs. »

« Un fait assez inattendu est que dans 30 départements la moyenne des économies pupillaires est plus élevée pour les filles que pour les garçons, quelquefois même la différence en faveur des filles est considérable. »

Pour les enfants assistés de la Seine, au 31 décembre 1897, les livrets de caisse d'épargne étaient au nombre de 12.796 et représentaient une somme de 1.745.001 fr. 17.

Lorsque l'administration est contente du patron, elle

peut renouveler le contrat avec lui jusqu'à la majorité du pupille ; toutefois une cause peut y mettre fin avant ce terme : l'appel à l'armée. Ce cas de dissolution du contrat est prévu dans l'article 19 du décret du 19 janvier 1811 : « L'appel à l'armée, comme conscrit, fera cesser les obligations de l'apprenti » (1).

L'élève de l'assistance peut aussi devancer l'appel de sa classe par un engagement volontaire, mais cet acte étant au nombre de ceux pour lesquels le consentement du tuteur est nécessaire, nous nous réservons d'en parler à propos de la tutelle.

II

Si, pour les enfants assistés arrivés à l'âge de treize ans, le placement dans les professions agricoles et industrielles doit rester la règle, ne pourrait-on pas cependant faire quelques exceptions en faveur de ceux qui sont mieux doués et que leur intelligence semble destiner à un avenir plus brillant ?

Cette question, qui a une très grande importance, a été examinée à diverses reprises.

En 1889, M. le directeur de l'assistance publique au ministère de l'intérieur, dans un rapport au ministre, constatait que rien n'avait été fait encore pour les pupilles les plus intelligents et exposait ce que l'on pourrait réaliser.

(1) Les enfants assistés, bien qu'ayant leur domicile légal chez leur tuteur, par conséquent au lieu où se trouve l'hospice qui les a recueillis, ou à Paris, s'ils sont pupilles de la Seine, sont néanmoins inscrits sur les listes de tirage au sort de la commune de leur placement.

« Aucun effort d'ensemble n'a encore été tenté pour opérer une sélection parmi les pupilles, pour favoriser le développement intellectuel des enfants reconnus les mieux doués, pour leur ouvrir l'accès à l'enseignement primaire supérieur et à l'enseignement professionnel. Quelles que puissent être ses aptitudes et sa bonne volonté, un enfant assisté ne saurait aujourd'hui, à moins de circonstances tout exceptionnelles, sortir du milieu où il est placé, conquérir par son travail et sa conduite une situation plus relevée. Ce serait une heureuse innovation que la création, en faveur d'enfants assistés, de bourses d'enseignement primaire supérieur et d'enseignement professionnel agricole ou industriel. L'attribution de ces bourses ne constituerait pas seulement pour quelques pupilles une récompense méritée et le point de départ d'une existence nouvelle ; chez beaucoup d'entre eux, elle ferait naître une émulation salutaire que rien n'éveille aujourd'hui. Cette institution permettrait en quelques années de faire un choix des pupilles ayant des aptitudes remarquables ; on renforcerait ainsi les cadres du travail national en augmentant le nombre des chefs de culture et des contremaîtres pourvus d'une solide instruction professionnelle. Grâce au caractère essentiellement pratique des programmes, on ne s'exposerait pas à faire des déclassés ; il est permis de dire au contraire qu'on parviendrait ainsi graduellement à classer l'élite de nos pupilles dans les catégories de travailleurs où leurs facultés les appellent et où ils ne peuvent parvenir faute d'instruction et d'apprentissage. »

La même année, au congrès international d'assistance, cette question fut débattue. M. Rollet l'exposa dans un rapport, une sérieuse discussion suivit. Plus tard, lorsqu'au conseil supérieur de l'assistance publique, on travailla à la composition du projet de loi sur les enfants assistés, à propos de la rédaction de l'article relatif à l'instruction primaire, une nouvelle discussion eut encore lieu sur le même sujet.

La pensée d'élever le plus possible la condition des enfants assistés est très généreuse, en principe elle mérite grandement d'être approuvée, mais les faits nous permettent-ils de croire qu'elle puisse être mise à exécution? Nous savons que, dans de trop nombreux départements, les mois de nourrice et les pensions sont insuffisants, beaucoup d'enfants ne peuvent plus aller à l'école après 12 ans parce que, dès cet âge, les nourriciers, ne recevant plus rien de l'administration, sont obligés de les faire travailler; ce n'est qu'à l'état exceptionnel que des récompenses sont instituées pour leur faciliter l'obtention du certificat d'études primaires; dans ces conditions, comment espérer que le projet de leur donner une éducation plus complète puisse être réalisé?

On compte, il est vrai, sur des dotations faites par des citoyens généreux, mais on est obligé de constater que les dons en faveur des enfants assistés sont aujourd'hui excessivement rares. Dans le cas où les ressources provenant du budget ou de la charité privée seraient suffisantes, ne pourrait-on pas soutenir encore qu'une rigoureuse justice exige de répartir également, pour le bien-être de tous, les sommes affectées au service et de ne pas en distraire une partie au profit de quelques-uns ?

Grâce à des circonstances heureuses, un enfant peut trouver les moyens de s'élever au-dessus de la simple condition de cultivateur ou d'ouvrier. Cela arrive lorsqu'un ménage sans enfants, une famille aisée, demande à l'assistance publique un orphelin, pour l'élever et l'adopter plus tard. Parfois aussi des nourriciers, qui se sont enrichis et qui aiment le pupille comme leurs propres enfants, payent les frais de son instruction.

Il est loisible enfin aux enfants assistés de concourir pour l'obtention des bourses qu'un certain nombre de conseils généraux inscrivent annuellement à leur budget. Les instituteurs trouveront un intérêt professionnel à les pousser vers le concours, dans l'espoir des notes favorables que leur zèle leur assurera auprès de leurs supérieurs. « Si un enfant assisté se distingue et demande une bourse, a dit un membre du congrès international d'assistance de 1889, le conseil général le préférera souvent à ses concurrents parce que cet enfant est un peu le sien. »

Nous pensons qu'il est impossible de faire actuellement davantage avec les faibles ressources de la plupart des services d'assistance. Plus tard le pourra-t-on peut-être si le projet de loi de 1892 voit le jour ; en effet, l'article 46 dispose que « dans chaque département, le service des enfants assistés est personne civile ; il peut, à ce titre, recevoir des dons et legs dans les conditions prévues par l'ar-

ticle 46 de la loi du 10 août 1871 ». Cette disposition serait, il faut l'espérer, de nature à provoquer les libéralités,
puisque les donateurs sauraient qu'elles doivent recevoir
un emploi directement profitable aux pupilles de l'assistance. Il serait possible alors de faire quelque chose pour
les sujets d'élite.

Les grands services, qui ont à leur disposition des fonds
suffisants, se sont toujours occupés d'améliorer la situation
sociale de leurs pupilles. L'administration de l'Assistance
publique de Paris a fondé plusieurs écoles professionnelles
sur lesquelles nous donnerons quelques détails.

L'école d'horticulture de Villepreux (Seine-et-Oise) fut
réservée exclusivement, jusqu'en 1891, aux moralement
abandonnés ; depuis 1891, l'administration y place aussi
des enfants assistés. Les élèves sont occupés à des travaux
de jardinage, de culture et, quand le mauvais temps les
empêche de travailler au jardin, employés à des travaux
de serrurerie et de menuiserie. L'enseignement technique,
dispensé aux pupilles, donne des résultats satisfaisants : sur
huit élèves appelés en 1894 à passer l'examen professionnel de jardinier, sept ont été reçus et ont obtenu le diplôme.

L'école d'Alembert, à Montévrain (Seine-et-Marne), est
une école professionnelle d'ébénisterie et de typographie.
Les pupilles du service des enfants assistés y sont admis
concurremment avec les élèves du service des moralement
abandonnés. La classe est faite tous les soirs pour les enfants qui n'ont pas le certificat d'études primaires.

Le 15 janvier 1895, a été ouverte à Paris, rue du Bourg-l'Abbé, 7, une école d'orfévrerie-bijouterie placée sous la direction de M. Dreux, bijoutier-orfèvre. Douze élèves y sont admis ; ils doivent être choisis parmi les enfants âgés de treize ans au moins et de seize ans au plus, pourvus du certificat d'études primaires et paraissant avoir des aptitudes pour la profession qu'ils sont appelés à exercer. Le directeur s'engage à enseigner aux élèves la profession d'orfèvre-bijoutier, en les faisant bénéficier d'un apprentissage complet et de procédés spéciaux de fabrication. L'apprentissage dure quatre ans ; il comprend un enseignement technique et un enseignement spécial. Pendant sa durée, les élèves ne peuvent travailler plus de dix heures par jour. L'école fonctionne et se développe dans de bonnes conditions ; les élèves, lorsqu'ils en sortent, sont en mesure de gagner largement leur vie, grâce à leur habileté professionnelle.

L'école d'Yzeure (Allier) fut, jusqu'en 1892, une école de réforme ; elle est, depuis cette époque, une école professionnelle. « Accueillir de leur plein gré et dresser à des travaux d'aiguille les jeunes filles trop délicates pour être employées au dur labeur des champs, mais jouissant toutefois d'une bonne santé, continuer leur instruction primaire et en faire des sujets capables de se placer avantageusement plus tard en qualité d'ouvrières, tel a été le but que s'est proposé le conseil général en fondant l'école d'Yzeure. » Un comité de dames patronnesses a été institué pour placer les jeunes filles à leur sortie de l'école, soit en condition, soit dans le commerce ou l'industrie et leur assurer en même temps les bienfaits d'une surveillance affectueuse.

A l'école de broderie de Montreuil-sous-Bois, l'enseignement professionnel porte « sur la broderie envisagée sous toutes ses formes et toutes ses applications commerciales ou artistiques ». L'apprentissage dure cinq ans. « La conduite et le travail des jeunes apprenties brodeuses donnent en général toute satisfaction à la directrice de l'école ; il en est parmi elles qui sont douées de remarquables aptitudes professionnelles et deviendront un jour d'habiles ouvrières (1). »

Parmi les moyens destinés à procurer une situation meilleure aux élèves les plus méritants, il faut signaler les diverses tentatives de colonisation en Algérie.

Un premier essai avait été tenté, en 1842, par un ecclésiastique, M. Brumauld. Le maréchal Bugeaud avait vu l'entreprise d'un œil favorable et avait contribué à sa réalisation. Mais M. Brumauld n'avait aucune des qualités nécessaires pour réussir dans une telle œuvre ; sa tentative échoua.

A cette époque cependant, il y avait un courant d'idées favorables à une expérience de ce genre, comme le prouve une brochure de M. de Tocqueville parue en 1850 sous ce titre : *Des enfants trouvés et des orphelins pauvres comme moyen de colonisation de l'Algérie.*

______

(1) Les rapports du directeur de l'Assistance publique de Paris et de l'inspecteur principal de la Seine donnent des renseignements détaillés sur ces différentes écoles.

L'échec de M. Brumauld découragea, pour de longues années, l'administration de l'Assistance publique de Paris.

En 1882, M. le Dr Thulié, mû par une idée généreuse, résolut de reprendre l'œuvre abandonnée, mais avec d'autres principes et en essayant de combiner d'avance assez parfaitement les choses pour que le succès fût, autant que possible, assuré.

L'administration lui opposa d'abord des résistances puis se laissa gagner par ses arguments. Le docteur Thulié présenta au conseil général un rapport sur la question ; il fut bien accueilli ; une commission d'études fut nommée qui envoya en Algérie une délégation. Les délégués examinèrent sur place de quelle façon on pourrait donner suite au projet et envoyèrent à la commission un rapport favorable. Le plan à suivre y était exposé. Le voici très résumé : on demanderait à l'Etat une concession de terrains ; une école professionnelle agricole y serait établie dans laquelle seraient envoyés des enfants assistés méritants qui n'auraient pas pu trouver en France de placements avantageux. L'enfant, devenu habile, serait employé d'abord comme ouvrier agricole, puis, son service militaire fini, devenu majeur, il recevrait une part des terrains concédés et la gérerait, tout d'abord comme métayer, puis comme propriétaire, lorsqu'après un certain temps de stage on pourrait avoir confiance dans ses aptitudes.

Le rapporteur, qui était M. Brueyre, calculait qu'il faudrait environ 5000 francs pour permettre à un ancien élève de s'établir comme colon, à condition qu'on lui concédât une terre déjà défrichée et prête à être mise en valeur.

La commission du conseil général se transporta alors elle-même en Algérie pour se rendre compte des conditions dans lesquelles l'entreprise devrait s'exécuter, puis des démarches furent faites pour obtenir du gouvernement les concessions des terrains nécessaires.

Par une loi du 27 avril 1886, l'Etat concéda au département de la Seine, dans les provinces d'Alger et de Constantine, deux domaines d'une contenance totale de 3.276 hectares. Le département devait, sous peine de résolution de la concession, avoir institué son école dans un délai de trois ans à partir de la promulgation de la loi.

Sur ces entrefaites, un ancien aumônier militaire, M. Roudil, fit donation au conseil général de la Seine des domaines de Ben-Chicao et de Bassour, en partie plantés, pour la fondation de l'école professionnelle. L'établissement devait porter le nom du fondateur et fonctionner, au plus tard, le 1ᵉʳ janvier 1889.

Le 29 décembre 1888, un premier convoi de six élèves arriva à Ben-Chicao. Les difficultés commencèrent alors. Il y eut d'abord des lenteurs dans les constructions de bâtiments destinés aux enfants ; il fallut augmenter les crédits primitivement votés ; puis les enfants, amenés à l'école à un âge où ils auraient été gagés en France, ne recevaient aucun salaire ; ils se plaignaient ; les avantages qu'ils devaient avoir dans l'avenir ne leur paraissaient pas un encouragement suffisant ; le conseil général établit alors des salaires qui leur seraient payés jusqu'à leur majorité.

On créa un premier village, Bassour, il fut habité par huit jeunes colons, mais les maisons construites pour eux étaient incommodes et trop coûteuses, le domaine concédé était trop petit, très accidenté, en partie rocailleux. Les mêmes inconvénients se reproduisirent aux domaines de Tala-Kelifa et Keddara où la construction d'un village pour dix colons fut entreprise. Le département de la Seine fut aussi entraîné à des dépenses qui incombaient au gouvernement général de l'Algérie.

Une commission du conseil général qui s'était rendue dans la colonie pour en voir le fonctionnement (octobre 1896), après avoir constaté ces faits, ne put que proposer par son rapporteur, M. Patenne, « pour remédier à la situation, de limiter les envois dans la ferme-école au nombre d'élèves strictement nécessaires à son exploitation, d'arrêter toutes constructions de maisons nouvelles et toute création, aux frais du département, de nouveaux villages pour la colonisation ».

M. Navarre, président de la commission, expliqua qu'en proposant de réduire l'effectif des élèves, la commission entendait que cet effectif ne serait conservé que jusqu'à ce qu'il fût possible de liquider la colonie dans des conditions avantageuses ; il dit que les colons, non seulement n'avaient pas de fonds pour rembourser l'avance qui leur avait été faite, mais encore étaient à bout de ressources et couraient risque d'être aux prises avec la misère, si on ne leur venait en aide.

Enfin, le mercredi 22 décembre 1897, il y eut de nouveau au conseil général de la Seine un débat très important sur la même question. La discussion s'engagea à la suite d'un rapport de M. Caron dont nous devons, pour donner une idée exacte d'une expérience très importante, citer les lignes qui suivent :

« Le montant total des dépenses s'élève à plus de quatorze cent mille francs. Comme contre-partie de ces dépenses, les résultats obtenus depuis dix ans sont très médiocres. Actuellement, il y a à la ferme-école onze élèves. Au village de Bassour, il y a cinq colons, au village de Keddara, il y a dix feux et pas de colons. Voilà la situation actuelle...

« Quelque séduisante que soit l'idée généreuse de la colonisation en Algérie au moyen des enfants assistés du département de la Seine, il faut bien reconnaître, en face des résultats obtenus, que la tâche entreprise présentait des difficultés supérieures au dévouement, si grand qu'il soit, de l'administration de l'Assistance publique...

« En ce qui concerne la colonisation, pouvons-nous accepter l'obligation de fournir des capitaux aux enfants assistés au delà de leur majorité et presque jusqu'à l'âge de trente ans? Cette obligation pourrait nous entraîner à des dépenses considérables, car vous savez, Messieurs, qu'il faudrait fournir à chaque colon un capital de 8000 francs dans certains cas et de 5000 francs au moins. Or le principe de la colonisation ne peut être sérieusement défendu qu'à la condition de supposer qu'elle portera sur un nombre sérieux d'enfants assistés ; en supposant mille enfants, la dépense serait de 8 millions ou de 5 millions au moins. Si, au contraire, la colonisation se réduisait à un petit nombre d'enfants, elle ne répondrait certainement plus à l'idée première.

« Enfin le conseil général aurait-il la conscience exacte de ses devoirs, s'il dotait, à raison de 8000 ou de 5000 fr. par tête, des hommes qui peuvent se défendre eux-mêmes et se tirer d'affaire, alors qu'un si grand nombre de mères et d'enfants pourraient être secourus avec ces mêmes sommes ? »

A la fin de son rapport, M. Caron exposait les résolutions auxquelles s'était arrêtée la troisième commission ; elles furent adoptées par le conseil général : 1° conserver la ferme-école de Ben-Chicao avec le personnel indispensable, y envoyer douze ou quinze enfants assistés qui travailleront, s'instruiront et pourront ultérieurement, s'ils y voient un avantage, rester en Algérie ; 2° négocier avec le gouvernement général de l'Algérie la reprise par l'Etat du domaine de Keddara ; 3° joindre le village de Bassour à la ferme-école, en faire une dépendance de celle-ci en utilisant pour son exploitation les constructions faites par le département sur ce domaine.

Ainsi, toute entreprise de colonisation est abandonnée. L'idée d'envoyer en Algérie des pupilles de l'Assistance, pour améliorer leur sort et peupler la colonie, était aussi séduisante que généreuse. La réalité a répondu aux espérances par la plus pénible des déceptions. Pour s'établir

sur un lot de terre et le mettre en valeur, il ne suffit pas
en effet d'être bien acclimaté, familiarisé avec les choses
de la colonie, bon agriculteur, il faut encore un fort capital d'établissement. Les chiffres cités par M. Caron, bien
que paraissant encore trop modestes, suffisent à excéder
un budget départemental. C'est une charge beaucoup trop
lourde. Alors qu'il a tant de misères à soulager, un conseil
général n'a certainement pas le droit de faire une aussi
grosse dépense pour quelques privilégiés (1).

(1) Voir sur cette question de la colonisation de l'Algérie par les enfants assistés : 1° de Tocqueville, *Des enfants trouvés et des orphelins
pauvres comme moyen de colonisation de l'Algérie*, 1850 ; 2° Dr Thulié,
Colonisation par les enfants assistés, 1891 ; 3° de Crisenoy, *Annales des
assemblées départementales*, 1896 ; 4° *Bulletin municipal officiel de la
Ville de Paris*, 24 décembre 1897, Séance du conseil général ; 5° Les
essais coloniaux du conseil général de la Seine, journal *Le Temps*,
6 janvier 1898.

CHAPITRE X

LES ENFANTS ASSISTÉS INFIRMES ET MALADES.

SOMMAIRE. — Règles suivies pour le placement des infirmes. — Education des sourds-muets et des aveugles. — Aliénés. — Traitement marin et thermal. — Assistance médicale pour les enfants atteints de maladies accidentelles. — Statistiques de mortalité.

Si nous combinons les articles 10 et 20 du décret du 19 janvier 1811 et l'article 3 de l'arrêté du 30 ventôse an V, nous pouvons formuler la règle suivante :

« Les enfants, qui ne pourront être mis ou laissés en pension ou en apprentissage, parce qu'ils sont estropiés, infirmes ou atteints de maladies graves, resteront dans les hospices. Ils seront occupés, dans des ateliers, à des travaux qui ne soient pas au-dessus de leur âge. »

Les services d'assistance ont d'excellents motifs pour ne pas se conformer rigoureusement aux dispositions que nous venons de résumer.

Les hospices renferment une population nombreuse, il faut l'augmenter le moins possible ; les prix de journée, assez élevés, sont une lourde charge pour les budgets départementaux ; enfin nous savons combien est défectueuse encore l'installation de beaucoup de ces établissements, combien surtout les services de l'enfance y sont mal partagés ; les ateliers prévus par les textes n'y ont jamais été créés ou y fonctionnent très mal ; aussi le placement à l'extérieur des enfants même infirmes est-il ordinairement préféré à leur séjour à l'hospice.

On cherche des gardiens qui veuillent bien accepter ces enfants et les soigner. L'atmosphère de la campagne est plus favorable pour eux que celle de l'hospice ; la vie au grand air peut, assez souvent, améliorer leur tempérament et leur constitution. La pension payée pour eux est un peu plus forte que celle des pupilles valides. Elle est dite « supplémentaire » ou « extraordinaire » suivant que l'élève a plus ou moins de treize ans. Des pensions dites « représentatives » sont accordées à d'anciens élèves que des infirmités graves mettent dans l'impossibilité de se suffire à eux-mêmes. L'attribution de toutes ces pensions est laissée à l'initiative des conseils généraux.

Parmi les infirmités dont sont plus fréquemment atteints les enfants ainsi placés, il faut nommer la surdi-mutité, les affections des organes de la vision, l'épilepsie, l'idiotisme, les différentes paralysies, le rachitisme, la tuberculose, la perte ou la déformation d'un membre, l'arrêt de développement, la nécrose osseuse, les affections cutanées (1).

Afin de préparer autant que possible quelques-uns de ces malheureux à l'exercice d'une profession compatible avec leur état physique, la circulaire du 3 août 1869 décide

(1) Rapport du directeur de l'Assistance publique de Paris, 1897, Tableau 14.

que l'on appliquera à leur placement en apprentissage ou dans des établissements spéciaux les « indemnités exceptionnelles prévues par l'article 3 n° 2 de la loi du 5 mai 1869 ».

Les plus éprouvés de ces jeunes infirmes peuvent en effet parvenir encore, grâce à une éducation bien conduite, à une situation satisfaisante.

Les sourds-muets, âgés de neuf à douze ans révolus, peuvent être reçus aux Institutions nationales de Paris, de Chambéry ou de Bordeaux. Il existe également, dans plusieurs départements, des institutions privées à l'usage des sourds-muets des deux sexes âgés de moins de neuf ans et de ceux qui ne pourraient être reçus ou conservés dans les institutions nationales. Jusqu'à l'âge d'admission, les enfants resteront à la campagne ou à l'hospice dépositaire.

Les aveugles peuvent être admis à l'Institution nationale des jeunes aveugles de Paris. Ils doivent être âgés de dix ans au moins et de treize ans au plus. Mais l'Institution n'accepte que les enfants qui ont auparavant reçu ailleurs un commencement d'instruction. Les services d'assistance doivent donc placer leurs élèves de six à dix ans dans une institution privée, avant de les présenter à l'Institution nationale.

L'Assistance publique de Paris place quelques-uns de ses pupilles aveugles à l'école Braille. Cette école, fondée en 1883 par la Société d'assistance pour les aveugles, est, depuis 1887, à la charge du conseil général de la Seine. Les enfants qui y sont admis reçoivent, jusqu'à treize ans, un enseignement à la fois primaire et professionnel. A treize ans, l'enfant passe à l'atelier où il exerce le métier dont il a fait l'apprentissage pendant les années précédentes. Il est considéré dès lors comme un ouvrier : payé aux pièces, il doit, par son travail, solder toutes ses dépenses. Toutefois le conseil général consent à lui venir en aide parce qu'il l'oblige à passer, jusqu'à sa majorité, deux heures par jour à l'école d'adultes ; dans ce dessein, il lui alloue une petite allocation. Devenu majeur, l'ouvrier aveugle passe tout son temps à l'atelier : les matières premières lui sont livrées, à titre d'avance, par l'administration de l'école qui se charge d'écouler les produits de la fabrication. Les métiers qu'on apprend à l'école sont les suivants : pour les garçons, la vannerie, la brosserie, le cannage et l'empaillage des chaises ; pour les filles, la confection des couronnes de perles, la filature, le tricot et le crochet.

Les enfants assistés atteints d'aliénation mentale sont transférés dans un asile d'aliénés, quand il est impossible de les faire soigner dans une famille ou de les traiter à l'hospice. Ils y sont entretenus aux frais du budget du département au service duquel ils appartiennent puisque, d'après l'article 9 de la loi du 15 juillet 1893, relative à l'assistance médicale gratuite, leur domicile de secours se trouve dans ce département.

Il nous faut parler maintenant d'une catégorie d'infirmes très nombreuse, des enfants atteints de rachitisme et d'affections scrofuleuses. C'est pour eux qu'a été organisé le traitement maritime. La gravité du mal de ces enfants peut être variable ; tous ne donnent pas lieu au paiement d'une pension supplémentaire ; plusieurs, tout en ayant besoin d'être soumis annuellement à un traitement, peuvent être placés dans les conditions ordinaires. L'organisation du traitement marin nous servira donc de transition entre les observations relatives aux infirmes et celles qui ont pour objet les enfants atteints de maladie accidentelle.

Les assistés du département de la Seine, pour lesquels le traitement marin est indiqué, sont envoyés à l'hôpital de Berck-sur-Mer ou placés chez des habitants de la baie de Cancale. Les résultats du traitement sont soigneusement consignés sur des fiches indiquant, sous la signature et la responsabilité des médecins, toute la marche suivie par l'état général et la santé des enfants pendant leur séjour au bord de la mer. La fiche individuelle contient l'état civil de l'enfant, son nom, son âge, son numéro matricule, la désignation de l'agence à laquelle il appartient. Au départ, le médecin de l'agence inscrit le diagnostic justifiant l'envoi de l'enfant. A son arrivée au bord de la mer, le médecin chargé du service vérifie l'état de l'élève et rectifie, s'il y a lieu, le diagnostic de son confrère de l'agence d'origine. A partir de ce moment, l'enfant est visité tous les quinze jours par le médecin qui indique, dans une case spéciale, l'état de santé dans lequel il le trouve. Dès que l'amélioration lui paraît suffisante, il consigne son avis sur la fiche et signe l'exeat ; la durée du séjour est toujours laissée à sa libre appréciation. Revenu dans son agence d'origine, l'enfant est de nouveau visité par le médecin du service, dont l'opinion sur les résultats du traitement est consignée au bas de la fiche.

Les principaux établissements dans lesquels sont envoyés les enfants des services de province sont : l'hôpital marin de Pen-Bron (Loire-Inférieure), le sanatorium de Banyuls-sur-Mer (Pyrénées-Orientales) créé par l'œuvre nationale des hôpitaux marins, le sanatorium Renée Sabran, dans la presqu'île de Giens (Var), créé par le conseil général des hospices de Lyon. Des établissements moins importants existent sur d'autres points du littoral. L'œuvre nationale des hôpitaux marins s'occupe de créer à Oléron un sanatorium exclusivement affecté aux enfants assistés.

Les stations thermales du centre de la France : Vichy, Bourbon l'Archambault, Néris, reçoivent des pupilles affaiblis par les rhumatismes, le lymphatisme, la coxalgie, l'anémie, la dyspepsie. Ils appartiennent pour la plupart à l'Assistance publique de Paris.

Un règlement pour le service médical des enfants atteints de maladies accidentelles se trouve dans la circulaire ministérielle du 3 août 1869 :

« Lorsqu'un enfant assisté paraît malade, les nourrices ou gardiens le conduisent chez le médecin qu'ils ont choisi parmi ceux de la commune ou de la localité la plus voisine. Si ce déplacement semble offrir des inconvénients, le médecin est appelé au domicile du malade ; il indique le traitement à suivre, prescrit la délivrance des médicaments nécessaires et les fournit lui-même, s'il n'y a pas de pharmacie dans un rayon de quatre kilomètres. »

Ce système a présenté de réels inconvénients. Quand le pupille était malade, les nourriciers faisaient venir leur propre médecin, mais ils ne se contentaient pas de l'appeler dans ces seules occasions, ils le demandaient aussi pour eux-mêmes ou les membres de leur famille et prétextaient, dans ce cas, une indisposition de l'enfant assisté ; le budget départemental se trouvait par suite dans l'obligation de rémunérer, sans contrôle efficace possible, des visites médicales qui s'appliquaient à d'autres besoins qu'à ceux des pupilles.

Depuis la loi du 10 août 1871, qui leur donne le droit de statuer définitivement sur le service, les conseils généraux ont organisé, dans la plupart des départements, un service d'inspection médicale des enfants assistés. Un médecin-inspecteur est nommé pour une circonscription déterminée comprenant une ou plusieurs communes ; généralement investi dans la même circonscription de l'inspection des enfants du premier âge (loi du 23 décembre 1874), il donne en son cabinet les consultations utiles aux enfants assistés ; il se rend à leur domicile lorsque cela est nécessaire.

Ce système a aussi ses inconvénients : les nourrices, sans aucun souci des frais onéreux qui peuvent en résulter pour le budget départemental, font venir le médecin-inspecteur à domicile alors même qu'elles pourraient conduire à son cabinet l'enfant dont l'état peu grave ne s'y oppose pas ; mais elles ne veulent pas se déranger.

Les médecins sont payés soit au moyen d'un abonnement fixe par enfant et variable suivant les départements et l'âge des enfants, soit en recevant des honoraires pour chacune de leurs consultations ou visites.

L'Assistance publique de Paris adopte l'un ou l'autre mode suivant l'âge de ses pupilles. L'arrêté préfectoral du 30 novembre 1895 établit les règles suivantes : 1° pour les enfants de 1 jour à 6 ans, le médecin reçoit une somme fixe par an et par enfant, pour un nombre déterminé de visites et pour les soins en cas de maladie. Le nombre des visites annuelles, de même que le chiffre des honoraires, diminuent à mesure que l'enfant grandit ; 2° pour les enfants de 6 à 10 ans, le médecin reçoit une somme fixe par an, mais le nombre des visites n'est plus déterminé ; 3° pour les pupilles de 10 à 21 ans, le médecin a une somme fixe par visite en cas de maladie (1).

Les visites obligatoires doivent être effectives et toute visite non faite donne lieu à une retenue d'honoraires équivalente.

____

(1) Voici le tableau des visites et honoraires :

Enfants de 1 jour à 1 an : 20 visites obligatoires tous les 10 jours pendant les 4 premiers mois, 1 visite mensuelle pendant les 8 derniers; 40 francs par an et par enfant.

Enfants de 1 an à 2 ans : 6 visites obligatoires, 12 francs par an et par enfant.

Enfants de 2 à 4 ans : 1 visite par trimestre, 10 francs par an et par enfant.

Enfants de 4 à 6 ans : 1 visite par semestre, 8 francs par an et par enfant.

Enfants de 6 à 10 ans : 5 francs par an et par enfant sans nombre déterminé de visites.

Élèves de 10 à 21 ans : 1 fr. 50 par visite.

Le projet de loi de 1892 ne modifie pas grand'chose à la constitution du service médical. L'article 30 consacre de nouveau la règle d'après laquelle le conseil général doit délibérer, dans les conditions prévues par l'article 48 de la loi du 10 août 1871, sur l'organisation du service de l'assistance médicale pour les pupilles, mais il prendra, avant toute délibération, l'avis du conseil d'hygiène départemental.

« A défaut de délibération du conseil général, dit le second alinéa de l'article, ou en cas de suspension de la délibération, en exécution de l'article 49 de la loi du 10 août 1871, il est pourvu à la réglementation du service d'assistance médicale par un décret rendu en conseil d'Etat. » Il est vraisemblable que le gouvernement n'aura jamais à intervenir.

Quelle est la mortalité des pupilles de l'assistance ? Bien qu'ayant diminué beaucoup depuis le commencement du siècle, elle est encore assez élevée, surtout pour les enfants du premier âge ; cela tient aux souffrances qu'ont endurées ces enfants avant leur abandon et aussi à la mauvaise constitution que les parents leur ont souvent léguée.

Nous voudrions pouvoir entrer dans des détails plus précis et donner les chiffres de la mortalité pour l'ensemble des pupilles admis dans tous les départements, mais nous n'avons pu trouver de statistique complète. Nous indiquerons, un peu plus loin, les chiffres pour le département de la Seine. Les pupilles de l'Assistance publique de Paris constituant à eux seuls plus du tiers du nombre total des enfants assistés de France, il sera facile de pouvoir apprécier, par la statistique qui leur est relative, la mortalité générale.

Citons auparavant ces quelques lignes prises dans le rapport de M. Henri Monod, sur la difficulté qu'ont les services d'assistance à dresser des tables exactes de mortalité.

« En France, sur 1000 enfants qui naissent, 680 arrivent à l'âge de vingt et un ans. Combien arrivent à leur majorité sur 1000 enfants confiés aux services des enfants assistés ? A ces questions, il n'est malheureusement pas possible de répondre avec certitude. Cette impossibilité vient de l'extrême diversité des âges auxquels les enfants sont admis dans ces services. La naissance est un point de départ net, le même pour tous, et c'est pour cela que le savant directeur de la statistique municipale de la Seine, M. Bertillon, a pu établir le chiffre que j'ai cité plus haut pour l'ensemble des Français. Mais si quelques enfants sont admis dans les services départementaux à leur naissance, combien davantage le sont plus tard ! Et quelle erreur de fonder une moyenne de mortalité sur des enfants entrés dans le service à des âges différents ! Dans les premières semaines de la vie, les chances de mort sont beaucoup plus grandes et il n'est pas raisonnable de faire figurer dans un même calcul un enfant admis à sa naissance et un enfant reçu à l'âge de six mois. C'est cependant ce qui se fait couramment. »

Dans le service de l'Assistance publique de Paris, sur

31.939 enfants âgés de moins de 13 ans, placés à la campagne en 1897, 542 sont décédés dans l'année, soit 1,70 0/0.

Les élèves âgés de 13 à 21 ans ont été au nombre de 14.009, 43 sont décédés, soit 0,31 0/0.

Si l'on considère l'ensemble de la population ayant existé dans les agences, on voit que le nombre total des élèves de tout âge s'élevait à 45.948 et que le chiffre des décès a été de 585 ; d'où ressort une mortalité de 1,27 0/0.

Voici maintenant les chiffres relatifs à la mortalité des enfants de moins d'un an, reçus en 1896 et décédés dans la première année de leur existence.

Les enfants âgés de 1 à 12 mois étaient au nombre de 1.028, 170 sont décédés, soit 16,54 0/0.

Sur 1.478 enfants de 1 à 30 jours, 230 sont décédés soit 15,66 0/0.

Nous ajouterons encore deux autres statistiques, dressées également pour le service de Paris, mais suivant d'autres méthodes.

Sur 4.578 enfants abandonnés en 1896, 725 étaient sortis du service au 1er janvier 1897 ; 41 par majorité, 5 par mariage, 179 par remise, rapatriement et autres causes, 500 par décès en province ou à l'hospice.

Dans une période de 21 années, du 1er janvier 1876 au 1er janvier 1897, le nombre des enfants abandonnés a été de 73.238 ; sur ces 73.238, étaient existants dans le service, le 1er janvier 1897, 39.270 (53,62 0/0) ; sont sortis depuis le 1er janvier 1876 jusqu'au 1er janvier 1897, 33.968

(46,38 0/0). Les causes de sortie de ces 33.968 élèves sont les suivantes : par majorité, 2.570 (3,50 0/0) ; par mariage, 403 (0,55 0/0) ; par remise, rapatriement ou autres causes, 11.993 (16,38 0/0) ; par décès, en province et à l'hospice, 19.002 (25,95 0/0).

CHAPITRE XI

Il ne suffisait pas de donner à l'enfant trouvé, abandonné
ou orphelin pauvre une famille d'adoption dans laquelle il
pût rencontrer l'affection dont l'abandon ou la mort de ses
auteurs l'avaient privé, il fallait aussi organiser pour lui
une tutelle qui remplaçât la puissance paternelle absente.

Le législateur y a pourvu dans la loi du 15 pluviôse
an XIII (4 février 1805), intitulée « loi relative aux enfants
admis dans les hospices ».

Aux termes de l'article premier, « les enfants admis dans
les hospices, à quelque titre et sous quelque dénomination
que ce soit, seront sous la tutelle des commissions administratives de ces maisons, lesquelles désigneront un de
leurs membres pour exercer, le cas advenant, les fonctions
de tuteur et les autres formeront le conseil de tutelle ».

Le décret du 19 janvier 1811 reproduit cette disposition dans son article 15 : « Les enfants trouvés et les enfants abandonnés sont sous la tutelle des commissions administratives des hospices, conformément aux règlements existants. Un membre de cette commission est spécialement chargé de cette tutelle. »

Pour Paris existe une loi spéciale : la loi du 10 janvier 1849 dont l'article 3 dispose que le directeur de l'administration générale de l'Assistance publique de la Seine a la tutelle des enfants trouvés, abandonnés et orphelins de ce département. Il exerce cette tutelle seul, sans l'assistance d'un conseil de famille. Toutefois, conformément à l'article 8 de la loi du 27 février 1880, relative à l'aliénation des valeurs mobilières appartenant aux mineurs ou aux interdits et à la conversion de ces mêmes valeurs en titres au porteur, le conseil de surveillance de l'Assistance publique de la Seine doit être consulté sur les aliénations de biens pupillaires au-dessus de 500 francs.

Tandis que la tutelle de notre Code civil s'ouvre par la mort de l'un des auteurs de l'enfant, celle qu'organisent les textes que nous venons de citer s'ouvre par l'admission de l'enfant à l'hospice. Le trouvé et l'abandonné peuvent avoir encore leur père et leur mère ou l'un des deux. Si nous supposons légitimes les assistés de ces deux catégories, c'est une particularité assez remarquable, si nous les supposons naturels, c'est une lacune de notre Code civil qui est comblée. Le Code civil reste muet au sujet de la tutelle de l'enfant naturel ; la doctrine admet qu'en droit elle s'ouvre dès sa naissance, qu'en fait il y a lieu de l'organiser dès qu'il a des biens, mais la difficulté est de savoir comment ; il y a sur ce point une grande divergence de vues. L'admission de l'enfant naturel dans un hospice lui donne un tuteur.

L'article 420 du Code civil dispose que « dans toute tutelle, il y aura un subrogé-tuteur nommé par le conseil de famille. Ses fonctions consisteront à agir pour les intérêts du mineur lorsqu'ils seront en opposition avec ceux du tuteur. » La tutelle des enfants assistés ne donne pas lieu à la nomination d'un subrogé-tuteur. Le conflit ne se conçoit pas entre les intérêts du pupille de l'assistance et ceux de son tuteur. La commission administrative peut toujours déléguer comme tuteur un de ses membres dont les intérêts ne soient pas en contradiction avec ceux du pupille. Un conflit n'est pas à craindre non plus entre les intérêts d'un enfant assisté de la Seine et ceux du directeur de l'Assistance publique de Paris.

Les tuteurs des enfants assistés ont le droit de jouissance légale, les revenus des biens et capitaux appartenant aux enfants admis dans les hospices sont perçus jusqu'à leur sortie à titre d'indemnité des frais de leur nourriture et entretien (art. 7, l. du 15 pluviôse an XIII).

Quand il s'agit d'émanciper le pupille, les droits dont jouissent les commissions administratives et le directeur de l'Assistance publique de Paris sont ceux « attribués aux pères et mères par le Code civil » (art. 4, l. du 15 pluviôse an XIII).

Bien entendu ils ont le droit d'éducation et ses corollai-
res : le droit de garde et de correction. Le directeur de
l'Assistance publique de Paris les exerce d'une façon absolue, sans conseil de famille.

Cette tutelle des enfants admis dans les hospices se
rapproche donc beaucoup de la puissance paternelle. Il y
a cependant un point controversé : quand l'enfant assisté
veut se marier, est-ce son tuteur qui va consentir à son
mariage ?

Aux termes de l'article 159 du Code civil, « l'enfant naturel qui n'a point été reconnu et celui qui, après l'avoir
été, a perdu ses père et mère, ou dont les père et mère ne
peuvent manifester leur volonté, ne pourra, avant l'âge de
vingt-un ans révolus, se marier qu'après avoir obtenu le
consentement d'un tuteur *ad hoc* qui lui sera nommé ». Le
code ne dit pas par qui et l'interprète essaie de combler la
lacune de son mieux, il nous semble qu'elle l'est pour l'enfant admis à l'assistance et que la commission administrative ou le directeur de l'Assistance publique de Paris constituent bien le tuteur *ad hoc* exigé.

Conformément aux articles 148 et suivants, l'enfant légitime doit, pour se marier, solliciter le consentement de
ses ascendants. Dans le cas où ceux-ci sont morts ou dans
l'impossibilité de manifester leur volonté, les fils ou filles
mineurs de vingt et un ans ne peuvent contracter mariage sans le consentement du conseil de famille. Rien
dans les lois et décrets sur les enfants assistés n'établit
une dérogation manifeste à cette règle. Les pères et mères

de l'enfant, puisqu'ils ne sont pas déchus de la puissance paternelle, devraient donc consentir à son mariage et, dans le cas où ils sont morts ou dans l'impossibilité de manifester leur volonté, il faudrait réunir le conseil de famille, comme le veut l'article 160. Cela paraît plus juridique que la pratique actuellement suivie : les commissions administratives ou le directeur de l'Assistance publique de Paris autorisent leurs pupilles à se marier. Ce qui justifie cette manière de procéder, ce sont les difficultés dans lesquelles se trouveraient les pupilles s'il leur fallait obtenir le consentement de leurs ascendants. Où les trouver ? La plupart du temps, on ne sera même pas renseigné sur leur existence : exiger un jugement déclarant l'absence et la constitution d'un conseil de famille, ce serait entasser à plaisir les obstacles au mariage. On peut même trouver des raisons de droit qui légitiment l'autorisation donnée par les tuteurs des enfants assistés : ils ont le droit de jouissance légale et le droit d'émancipation aussi étendus que les pères et mères les possèdent, ne peut-on pas dire, par extension, qu'ils ont aussi le droit de consentir au mariage ? Le meilleur argument est tiré de l'exposé des motifs de la loi du 15 pluviôse an XIII où il est déclaré que les commissions administratives doivent exercer « tous les droits, toute la puissance de la paternité (1) ».

(1) « Nous croyons, dit M. Demolombe, *Cours de Code Napoléon*, t. VIII, n° 396, que les commissions administratives ont également le pouvoir de consentir au mariage de l'enfant. Mais, dans ce cas, elles n'auraient pas, suivant nous, les mêmes droits que les père et mère,

Entrons plus avant dans l'étude du fonctionnement de la tutelle en passant en revue les divers actes entre lesquels elle se décompose. Nous traiterons dans les paragraphes qui vont suivre : 1º du droit de correction, 2º de l'engagement militaire des pupilles, 3º des détails relatifs à l'émancipation et au mariage que nous n'avons pas eu l'occasion de donner dans les pages qui précèdent, 4º de la gestion des biens et de la succession aux enfants assistés décédés, 5º de la remise des enfants à leurs parents, 6º de la tutelle officieuse.

§ 1. — Droit de correction.

Aux termes de l'article 468 du Code civil, « le tuteur qui aura des sujets de mécontentement graves sur la conduite du mineur, pourra porter ses plaintes à un conseil de famille, et, s'il y est autorisé par ce conseil, provoquer la réclusion du mineur, conformément à ce qui est statué à ce sujet au titre de la Puissance paternelle ».

Dans chaque département, le membre de la commission administrative désigné par ses collègues pour remplir la fonction de tuteur des enfants assistés aura donc l'exercice

dont le consentement est nécessaire, lorsque c'est un fils, jusqu'à 25 ans (art. 148) ; le garçon lui-même né serait, au contraire, tenu d'obtenir le consentement de la commission que jusqu'à l'âge de 21 ans (art. 160). Il s'agit ici d'une classe d'enfants dont il importe de favoriser, de hâter même l'établissement ; et les mêmes motifs qui permettent aux commissions administratives de les émanciper à 15 ans, doivent s'opposer à ce que leur consentement pour le mariage des garçons soit nécessaire jusqu'à l'âge de 25 ans ».

du droit de correction avec l'autorisation de ses collègues qui forment le conseil de tutelle.

A Paris, le directeur de l'Assistance publique exercera ce droit sans autorisation.

Un pupille se rend-il coupable d'actes graves d'improbité ou d'insubordination, qui nécessitent une répression sévère, son tuteur légal pourra requérir sa détention, laquelle sera plus ou moins longue, suivant les distinctions établies par les articles 376 et 377 du Code civil.

Si l'enfant est âgé de moins de seize ans commencés, la détention pourra être prononcée par le président du tribunal pour un temps qui ne pourra excéder un mois.

Si l'enfant a plus de seize ans commencés, la détention pourra être prolongée jusqu'à six mois. Dans les deux cas, le Procureur de la République devra être entendu.

En l'absence de textes, nous pensons que les tuteurs des enfants assistés doivent être soumis au droit commun, c'est-à-dire n'être autorisés à agir que par requête. Le droit de faire détenir un enfant de moins de 15 ans par voie d'autorité n'appartient qu'au père ou, à la dissolution du mariage par la mort du père, à la mère survivante. Il n'y a pas ici, comme pour le consentement au mariage, un intérêt évident à étendre par analogie le pouvoir des commissions ou du directeur de l'Assistance publique de Paris.

Les pupilles, pour lesquels l'ordre d'arrestation a été délivré, sont envoyés soit dans les établissements de correction, soit dans les prisons ordinaires.

Ceux qui ont moins de seize ans sont placés, en général,

dans les établissements privés de correction : les garçons dans les « colonies agricoles », les filles dans les refuges dits du Bon-Pasteur. Ces établissements sont sous la surveillance de l'Etat.

Quant aux établissements de correction qui relèvent directement de l'administration pénitentiaire au ministère de l'intérieur, tels que les colonies publiques de jeunes détenus et les maisons d'éducation correctionnelle de jeunes filles, en dehors de quelques exceptions fort rares, ils ne reçoivent point de mineurs par voie de correction paternelle ; leur population se compose presque exclusivement de jeunes détenus des deux sexes qui y sont placés par décision des tribunaux en application des articles 66 et 67 du Code pénal.

Ces articles limitant à seize ans l'âge des mineurs qui, acquittés comme ayant agi sans discernement, sont conduits dans des maisons de correction par décision des tribunaux, par assimilation, beaucoup d'établissements privés refusent d'accepter des enfants de plus de seize ans au titre de correction paternelle. Les directeurs donnent pour motif que ces enfants arrivent avec des caractères formés, des habitudes mauvaises enracinées, très difficiles à détruire ; ils rendent vains les moyens dont la maison dispose, nuisent à sa discipline.

Si le pupille a plus de seize ans et qu'un établissement correctionnel ne veuille pas le recevoir, la tutelle se trouvera dans la nécessité de demander au président du tribunal civil son internement dans une prison ordinaire. Ce moyen extrême ne peut être utilement mis en pratique que dans les prisons cellulaires ; dans les autres, le placement des mineurs dans les salles et préaux communs offrirait beaucoup plus d'inconvénients que d'avantages.

Que l'enfant soit dans un établissement correctionnel ou dans une prison, les frais de séjour sont à la charge du budget départemental.

Que faut-il penser de ces deux moyens de correction ? Le second paraît devoir être condamné ; si l'on est réduit à l'employer, tout au moins ne devra-t-on le faire que dans des cas de gravité exceptionnelle, car il y a un danger moral sérieux à habituer un enfant à l'idée de la vie en prison.

Quant à l'envoi dans les établissements correctionnels, auquel aussi d'ailleurs les services d'assistance n'ont recours qu'à la dernière extrémité, son grand inconvénient est d'être de trop courte durée ; l'enfant en sort aigri mais non amélioré. Il est vrai qu'après sa mise en liberté, s'il tombe dans de nouveaux écarts, on peut le renvoyer, pour le même temps, dans l'établissement, en demandant une nouvelle ordonnance au président du tribunal, mais ces alternatives de correction et de liberté ne vaudront rien pour le pupille. Ce n'est que par un long séjour dans l'un de ces établissements que la nature de l'enfant vicieux peut être transformée grâce à l'heureuse influence de la discipline.

Cet inconvénient a préoccupé les membres du conseil supérieur de l'assistance publique, dans les discussions

qui ont précédé la composition du projet de loi de 1892,
plusieurs ont demandé qu'un article spécial donnât aux
services d'assistance la faculté de maintenir leurs pupilles
vicieux, dans les établissements correctionnels, le temps
nécessaire à leur amendement. Voici l'article tel qu'il est
rédigé dans le projet du gouvernement :

« Est réputé vicieux le pupille qui, par des actes d'im-
moralité, d'improbité ou de cruauté, donne des sujets de
mécontentement graves.

« Lorsque l'application à un pupille vicieux de l'article 468 du Code civil a lieu pour la seconde fois, le président du tribunal civil de la résidence de l'enfant peut,
à la requête du tuteur, présentée après avis conforme du
conseil de famille, décider que l'enfant sera maintenu dans
l'établissement correctionnel pendant une période qui ne
pourra excéder six mois.

« A l'expiration du délai, le président du tribunal peut
ordonner la maintenue pendant une période de six mois,
la décision intervient à la requête du tuteur, après avis
conforme du conseil de famille, sur le vu d'un rapport du
directeur de l'établissement, et, si elle est jugée utile,
après la comparution de l'enfant.

« En vertu de décisions trimestrielles prises dans les
mêmes formes, la maintenue peut être prolongée jusqu'à
la majorité des pupilles. »

Ainsi l'éducation correctionnelle pourra être prolongée
dans la mesure reconnue nécessaire. Les auteurs du projet
font remarquer que le pupille est d'ailleurs garanti contre

toute détention abusive par l'intervention obligée du conseil de famille institué par le projet de loi et par celle d'un président du tribunal civil, qu'une autre garantie très sérieuse, c'est l'élévation du prix de journée dans les établissements correctionnels : les considérations d'économie, toujours puissantes, porteront l'autorité préfectorale à restreindre les maintenues.

En outre des pupilles vicieux, on rencontre assez souvent, dans les services d'assistance, des enfants qualifiés simplement difficiles, qui, sans se rendre coupables d'actes graves d'improbité ou d'insubordination, se font remarquer cependant par leur insolence, leur paresse, leur tendance au vagabondage ou même au libertinage. Ils peuvent difficilement rester dans leurs placements ; ils s'évadent, ou bien leurs nourriciers, ne voulant plus se charger d'eux, les ramènent à l'hospice.

Leur cas avait été prévu par l'article 17 de l'arrêté du 30 ventôse an V : « Les enfants, dit cet article, qui, par leur inconduite ou la manifestation de quelques inclinations vicieuses, seraient reconduits dans les hospices, ne pourront être confondus avec ceux qui y auront été déposés comme orphelins appartenant à des familles indigentes ; ils seront, au contraire, placés seuls dans un local particulier, et les commissions des hospices prendront les mesures convenables pour les ramener à leur devoir en attendant qu'elles puissent les rendre à leurs maîtres ou les placer ailleurs. »

Ces dispositions n'ont, par malheur, jamais été exécu-

tées, bien que nous les retrouvions exprimées plus tard
dans le règlement-modèle de 1862. La création dans les
hospices dépositaires de quartiers spéciaux, affectés aux
enfants indisciplinés, est à peu près impossible. Cette création aurait tout d'abord l'inconvénient de distraire au profit
de ces enfants toute une série de bâtiments d'une maison
principalement affectée aux services d'assistance communale ; elle entraînerait en outre de grands frais de surveillance.

Il faudrait des écoles spéciales de réforme réservées
pour cette catégorie de pupilles. Dans leurs rapports, les
inspecteurs ne cessent d'en demander la fondation, surtout depuis que fonctionne le service des moralement
abandonnés.

L'article 27 du projet de loi de 1892 leur donne satisfaction. Après avoir défini le pupille difficile « celui qui, à
raison de ses défauts de caractère, ne peut être confié à
une famille », il édicte les dispositions suivantes :

« Dans un délai de dix années à partir de la promulgation de la présente loi, des établissements d'observation
et de préservation seront créés par les départements en
faveur des pupilles difficiles. Deux ou plusieurs départements peuvent s'unir, conformément aux articles 89 et
90 de la loi du 10 août 1871, pour fonder et entretenir en
commun un semblable établissement.

« Les règlements de ces maisons seront approuvés par
le ministre de l'intérieur, après avis du conseil supérieur
de l'assistance publique.

« Les placements seront effectués par le tuteur après avis conforme du conseil de famille.

« Jusqu'à la création de l'établissement départemental, le pupille difficile ne pourra être placé que dans les établissements dont la liste sera arrêtée chaque année par le ministre de l'intérieur (1). »

§ 2. — Engagement militaire.

Les commissions hospitalières et le directeur de l'Assistance publique de Paris ont seuls le droit de donner leur consentement à l'engagement des pupilles, avant l'âge de 20 ans, dans les armées de terre ou de mer.

Le pupille de l'assistance aura souvent un grand avantage à s'engager dès l'accomplissement de sa dix-huitième année. Libéré à 22 ans, il pourra trouver un travail rémunérateur deux ou trois ans avant le retour de ceux qui auront attendu leur appel sous les drapeaux, sa situation y gagnera. Dans le cas où il se déciderait à prolonger son séjour au régiment, il pourrait se préparer pour l'avenir une position de nature à satisfaire un jeune homme sans famille et sans fortune. Il obtiendrait les galons de sous-officier pendant la première période de son service puis rengagerait jusqu'à

(1) Actuellement, il n'y a que trois départements qui possèdent des écoles de réforme : le département de la Seine a fondé l'école de Port-Hallan pour les garçons et le quartier de réforme de la Salpêtrière pour les filles ; au département de la Seine-Inférieure appartiennent l'école d'Aumale et la colonie de Melleville, le département de la Marne, enfin, a fondé l'asile de l'Epine. Tous les autres départements sont obligés de recourir à des établissements dus à l'initiative privée.

trente-cinq ans de manière à avoir, à cet âge, une retraite proportionnelle variant de 600 francs à 900 francs qu'il cumulerait avec un emploi civil de 1500 à 2000 francs.

Les services d'assistance, pour corriger leurs pupilles indisciplinés, leur font souvent contracter un engagement dans l'armée. C'est un système qui produit, ordinairement, de bons résultats. Pendant la durée du service militaire, les natures rebelles ont été rompues à l'obéissance et la réforme, qu'une discipline rigoureuse a opérée en elles, est, la plupart du temps, durable.

Tout élève qui s'engage est placé, pendant sa présence sous les drapeaux, sous le patronage de la Société de protection des engagés volontaires, dont le siège est à Paris, rue de Milan, 11 *bis*. L'action de la Société à l'égard de ses protégés s'exerce, pendant la durée de leur séjour au corps, dans les conditions déterminées par l'autorité militaire ou maritime, elle les accompagne également au moment de leur rentrée dans la vie civile. Une de ses préoccupations les plus constantes est de leur conserver le livret de caisse d'épargne, montant des économies amassées jusqu'au départ pour le régiment. Ils en auront en effet un besoin absolu lorsqu'ils seront renvoyés dans leurs foyers.

§ 3. — Émancipation. — Mariage.

Nous rappelons que les tuteurs des enfants assistés ont pour l'émancipation les droits attribués aux pères et mères par le Code civil (art. 4 de la loi de pluviôse). C'est d'ailleurs un acte excessivement rare.

Quand il y a lieu à émancipation, elle est faite sur l'avis
des membres de la commission administrative par celui
d'entre eux qui aura été désigné tuteur, à Paris, par le directeur de l'Assistance. Le tuteur est seul tenu de compa-
raître devant le juge de paix. L'acte d'émancipation est
délivré sans autres frais que ceux d'enregistrement et de
papier timbré. C'est le receveur de l'hospice qui remplit
les fonctions de curateur du pupille émancipé. Les autres
conditions et formalités sont réglées par les articles 476 à
487 du Code civil.

Nous avons dit qui donnait le consentement pour le mariage des enfants assistés et exposé la controverse qui s'é-
lève à ce sujet. Il nous reste simplement à parler des dots
constituées en faveur de ces enfants.

Deux compagnies d'assurances sur la vie, l'*Abeille* et la
Nationale, ont offert aux conseils généraux leur concours
en vue de la constitution à leurs pupilles d'un capital à
verser à leur majorité pour les garçons et au moment de
leur mariage pour les filles.

Jusqu'ici, le système ne fonctionne que dans le Puy-de-
Dôme. Les départements de Constantine et d'Oran l'ont
adopté en principe. Le conseil général de la Nièvre en
poursuit l'étude. Celui des Deux-Sèvres a décidé d'accorder des dots de 300 francs à ceux de ses pupilles qui se ma-
rieraient avant 25 ans. Une décision de principe analogue
a été prise dans la Loire-Inférieure. Enfin, dans le Calva-
dos, le département majore les versements des enfants

assistés à la caisse d'épargne, ce qui est une manière de leur constituer des dots (1).

En dehors des dots qui proviennent de la générosité des assemblées départementales, il en est qui peuvent être constituées grâce à des libéralités privées. C'est ainsi que sur l'émolument du legs universel, qui a été fait à l'Etat, en 1873, par M. Henry Giffard, il est attribué au département de l'intérieur une rente annuelle de 18.500 francs qui est intégralement employée à constituer chaque année, à titre de prix et récompenses, trente-sept dots de mariage, de 500 francs chacune, au profit des jeunes filles les plus méritantes, élevées parmi les enfants assistés de Paris et des départements.

Nous lisons dans le dernier rapport du directeur de l'Assistance publique de Paris (1898) : « Il a été accordé des dots de mariage à 108 élèves ou anciens élèves, dont 18 moralement abandonnés. L'allocation de ces dots représente une dépense totale de 16.350 francs. Elle est prélevée sur le revenu des legs faits à l'administration par divers bienfaiteurs en faveur des enfants assistés et sur le montant des dons manuels qui peuvent nous être faits en vue de cette destination. »

§ 4. — Biens des pupilles.

L'article 5 de la loi du 15 pluviôse an XIII charge les receveurs des hospices de remplir à l'égard des biens

______

(1) Voir de Crisenoy, *Annales des assemblées départementales,* année 1896.

des enfants qui y sont admis les mêmes fonctions que
pour les biens des hospices. Toutefois, les biens des administrateurs tuteurs ne pourront, à raison de leurs fonctions, être passibles d'aucune hypothèque. La garantie de
la tutelle résidera dans le cautionnement du receveur
chargé de la manutention des deniers et de la gestion des
biens.

L'hypothèque légale serait en effet superflue, le cautionnement est une garantie suffisante de la bonne gestion
des deniers pupillaires.

Le receveur a seul qualité pour réclamer et toucher les
salaires acquis par les pupilles, pour en opérer le placement à la caisse d'épargne, pour être dépositaire des livrets ; l'ingérence en cette matière des inspecteurs départementaux, des maires ou de toutes autres personnes est
illégale. Néanmoins, elle est devenue constante. Les receveurs des hospices ont à peu près abandonné le soin de
régler les salaires acquis par les pupilles en domesticité.
Cela a amené entre les départements des différences notables dans les usages suivis pour la formation et la gestion
du pécule.

La pratique adoptée, étant contraire aux principes de la
comptabilité publique, a été signalée par l'inspection générale des finances. Dans une circulaire du 1er septembre
1887, le ministre de l'intérieur annonçait l'intention d'examiner les moyens de rentrer dans la légalité ; rien n'a
encore été fait à l'heure actuelle. Le projet de loi déposé
au Sénat ne peut d'ailleurs que tenir en suspens ces réfor-

mes. Les commissions administratives des hospices, étant
privées de la tutelle, ne pourraient conserver l'administration des biens pupillaires. Dans les départements, le
trésorier payeur général succéderait au receveur de l'hospice ; à Paris, où les anciennes règles ont toujours été
observées, le receveur de l'Assistance publique conserve-
rait ses attributions.

En dehors des salaires qu'ils gagnent par leur travail,
les pupilles peuvent posséder des biens provenant de succession, donation, etc.

Aux termes de l'article 7 de la loi du 15 pluviôse an XIII,
les revenus de ces biens sont perçus jusqu'à la sortie des
enfants des hospices à titre d'indemnité des frais de nourriture et d'entretien.

Quelques établissements dépositaires avaient conclu de
cet article que la totalité des revenus des pupilles devaient
leur appartenir de droit jusqu'à ce que ceux-ci fussent rayés
des contrôles, même quand, placés en apprentissage ou en
domesticité, ils n'occasionnaient plus de dépenses réelles
à l'hospice. La Cour de Bordeaux leur donnait raison par
un arrêt du 11 mars 1840 : « L'enfant trouvé n'est pas réputé sorti de l'hospice par un placement en apprentissage,
mais seulement par émancipation, mariage ou réclamation
des parents. En conséquence, les biens personnels de l'enfant en apprentissage sont acquis à l'hospice, comme indemnité d'entretien jusqu'à émancipation, sans qu'il y ait
de compte à établir. » Mais la Cour de cassation, par un
arrêt du 21 mai 1849, a fixé la jurisprudence dans un autre

sens ; d'après cet arrêt, si les revenus excèdent les dépenses de l'enfant, l'excédant lui sera remis à sa majorité ; cet excédant porte intérêt de plein droit s'il n'a pas été employé.

Notre article n'attribuant les revenus aux hospices qu'à titre d'indemnité, la Cour de cassation a décidé également que « si, en certain cas, l'indemnité peut être incomplète, il est contre nature qu'elle se convertisse en bénéfice ». Les revenus ne peuvent donc être perçus que dans la limite des dépenses qui ont été réellement faites.

Depuis la loi du 5 mai 1869, qui décharge les hospices de toutes les dépenses des enfants assistés, des départements ont réclamé la jouissance des revenus des pupilles. Cette réclamation est logique, mais elle n'est pas légale, la loi de pluviôse n'étant pas abrogée. L'article 14 du projet de loi de 1892 opère cette réforme, il déclare que « les revenus des biens et capitaux appartenant au pupille, à l'exception de ceux provenant de son travail et de ses économies, sont perçus au profit du service départemental des enfants assistés jusqu'à l'âge de dix-huit ans, à titre d'indemnité des frais d'entretien. Toutefois, sur l'avis du conseil de famille, le préfet peut faire à cet égard, au moment de la reddition des comptes, toute remise qu'il jugera équitable ».

« Si l'enfant décède avant sa sortie de l'hospice, son émancipation ou sa majorité, et qu'aucun héritier ne se présente, ses biens appartiendront en propriété à l'hospice. » Par cette disposition, l'article 8 de la loi du 15 pluviôse an XIII modifie l'article 768 du Code civil en plaçant l'hospice avant l'Etat.

Des administrations départementales n'ont pas manqué d'émettre la prétention de recueillir ces biens, sous prétexte que le droit successoral conféré aux hospices est devenu sans objet depuis 1869, mais l'administration supérieure a toujours considéré que l'article 8 de la loi de pluviôse n'a pas été abrogé, même implicitement, par la loi financière du 5 mai 1869. La circulaire du 3 août de la même année, qui a interprété la loi dans un sens que beaucoup d'hospices jugent trop favorable à l'intérêt des finances départementales, n'indique, en aucune façon, qu'une modification ait été apportée, sur ce point spécial, au régime antérieur. D'autre part, la circulaire du 28 avril 1874, en donnant la nomenclature des produits éventuels départementaux, n'y fait pas figurer les successions des enfants assistés. Il ne paraît donc pas possible de contester le droit des hospices ; d'ailleurs ceux-ci ne sont point entièrement exonérés des dépenses occasionnées par les enfants assistés ; s'ils sont en partie couverts des frais de séjour par des prix de journée à la charge des départements, ils ne le sont point des dépenses d'installation matérielle et de personnel nécessaire à la surveillance des pupilles dans l'intérieur de l'établissement.

L'article 8 *in fine* et l'article 9 de la loi de pluviôse règlent les droits des héritiers qui peuvent se présenter pour recueillir la succession d'un enfant assisté.

«... S'il se présente ensuite des héritiers, ils ne pourront répéter les fruits que du jour de la demande. »

« Les héritiers qui se présenteront pour recueillir la succession d'un enfant décédé avant sa sortie de l'hospice, son émancipation ou sa majorité, seront tenus d'indemniser l'hospice des aliments fournis et des dépenses faites pour l'enfant décédé, pendant le temps qu'il sera resté à la charge de l'administration, sauf à faire entrer en compensation, jusqu'à due concurrence, les revenus perçus par l'hospice (1). »

Après la majorité de l'enfant, c'est le droit commun qui s'applique.

Nous ne pouvons terminer ce paragraphe, consacré aux biens des pupilles, sans dire quelques mots au sujet des comptes de tutelle. La décision ministérielle du 18 mai 1824 dit que ces comptes doivent être faits sans frais, car l'intention du législateur a été d'éviter que la modique fortune des enfants placés dans les hospices ne fût restreinte par des frais inutiles. Ces comptes peuvent, par suite, être rendus directement par les commissions administratives et approuvés par le préfet en conseil de préfecture. La quittance et la décharge données sous seing privé

---

(1) Les articles 44 et 45 du projet de loi de 1892 règlent, comme il suit, la succession aux enfants assistés : ART. 44. — Les biens du pupille décédé appartiennent, lorsqu'aucun héritier ne se présente, au domaine départemental des enfants assistés, lequel est envoyé en possession à la diligence du trésorier-payeur général et sur les conclusions du ministère public. S'il se présente ensuite des héritiers, ils ne peuvent répéter les fruits que du jour de la demande.

ART. 45. — Les héritiers qui se présentent pour recueillir la succession d'un pupille sont tenus d'indemniser le département de l'entretien de l'enfant : les revenus perçus par le département entrent en compensation jusqu'à due concurrence.

par les enfants majeurs sont suffisantes pour mettre à couvert la responsabilité du receveur.

§ 5. — Remise des enfants à leurs parents.

Les parents des enfants assistés peuvent les réclamer à leurs tuteurs ; ceux-ci ont des droits très étendus relativement à la suite qui doit être donnée à la réclamation.

Quand une demande en remise leur est faite, les administrations d'assistance se préoccupent avant tout de l'intérêt de l'enfant ; si celui-ci est capable de se rendre compte de sa situation, on ne le rend à sa famille que s'il y consent.

« Il ne faut pas, dit M. Brueyre, dans son rapport au conseil supérieur de l'assistance publique, rompre légèrement ces liens de famille si touchants qui se forment entre les parents nourriciers et l'enfant ; ils ont une valeur morale bien autre que des réclamations même non intéressées des parents qui l'ont jadis abandonné. Nous avons vu maintes fois des enfants préférer l'humble chaumière de ceux qui les ont élevés, de leurs parents suivant le cœur, à l'aisance et parfois à la fortune de leurs parents de nature. La difficulté des remises est en outre un frein à l'abandon, et il est sain et moral que les parents qui abandonnent leur enfant puissent à leur tour un jour, quand le remords entre dans leur cœur, ressentir les amertumes du délaissement. »

Il y a d'ailleurs un moyen d'écarter les parents indignes,

il est fourni par l'article 21 du décret du 19 janvier 1811 : «...Avant d'exercer aucun droit, les parents devront, s'ils en ont les moyens, rembourser toutes les dépenses faites par l'administration publique ou par les hospices...» Les services d'enfants assistés n'accorderont la dispense du remboursement qu'aux personnes qu'ils jugeront en état de bien élever l'enfant qui leur est rendu.

Les parents doivent donner sur l'enfant qu'ils réclament et sur les circonstances de son abandon des détails aussi précis que possible afin qu'il n'y ait pas de substitution. Ils doivent également présenter un certificat de moralité, délivré par le maire de leur commune.

L'administration s'assurera que par reconnaissance légale, par légitimation, ou par l'institution d'un conseil de famille et d'un tuteur, l'enfant se trouvera pourvu d'une tutelle au moment où cessera son inscription aux contrôles de l'assistance. Si cette dernière condition n'était pas réalisée, il ne serait remis que sous réserve de tutelle.

En province, la commission administrative doit statuer sur la remise et le préfet sur la question du remboursement ou du non-remboursement des frais ; en fait, c'est l'inspecteur départemental qui statue. A Paris, le directeur de l'Assistance publique centralise le service, comme tuteur légal et comme délégué du préfet de la Seine (1).

(1) A Paris, pendant l'année 1897, 1040 enfants ont été réclamés par leurs familles, 728 ont été rendus ; les 312 demandes auxquelles il n'a pas été donné suite ont été ou ajournées ou rejetées pour les causes suivantes : 1° Période d'allaitement, remises ajournées jusqu'après le sevrage, 42 ; 2° Manque absolu de ressources des réclamants, 67 ; 3° In-

§ 6. — Tutelle officieuse.

Si le bienfaiteur d'un enfant assisté veut, durant la minorité de cet enfant, se l'attacher par un titre légal, il pourra devenir son tuteur officieux, en obtenant le consentement de la commission administrative, tutrice de l'enfant, ou du directeur de l'Assistance publique, à Paris.

Conformément aux articles 361 et 362 du Code civil, celui qui veut obtenir la tutelle officieuse doit être âgé de plus de cinquante ans, n'avoir ni enfants ni descendants légitimes et obtenir, s'il est marié, le consentement de son conjoint. L'enfant doit être âgé de moins de quinze ans (art. 364). C'est le juge de paix du domicile de l'enfant qui dresse procès-verbal des demandes et consentements relatifs à la tutelle officieuse (art. 363).

Cette tutelle est demandée ordinairement en vue d'une adoption ultérieure. La matière étant réglée par les articles 361 à 370 du Code civil, nous n'avons pas à insister.

D'après la jurisprudence, la tutelle administrative ne reprend pas son cours lorsque la tutelle officieuse vient à prendre fin par suite du décès du tuteur officieux avant la majorité ou l'émancipation de l'enfant (1). M. Léon Béquet,

conduite des parents, 29 ; 4° Refus des parents de faire aucun sacrifice pécuniaire pour rembourser une partie, même minime, des dépenses occasionnées par leurs enfants, 61 ; 5° Négligence des réclamants qui n'ont pas fourni à l'appui de leur demande les pièces réglementaires ou qui, après avoir obtenu la remise conditionnelle, se sont désistés ultérieurement, 105 ; 6° Refus formel des élèves de quitter leur placement, 8.

(1) Angers, 26 juin 1844, P. 44, 2, 281.

dans son ouvrage sur le régime et la législation de l'assistance en France, n'approuve pas cette jurisprudence : « Cette doctrine nous semble erronée, dit-il, en ce sens qu'il ne paraît pas possible de soutenir que la tutelle des enfants abandonnés n'ait pas été réglée dans un intérêt d'ordre public...La tutelle de l'administration dérive d'une sorte de paternité fictive, elle a le même objet et doit avoir aussi la même durée que la tutelle légitime des parents véritables ; la tutelle officieuse a pu l'exonérer, mais non l'anéantir. »

Le nouveau projet de loi, dans le dessein de faciliter la tutelle officieuse, supprime les deux conditions d'âge fixées par le Code civil : « Toute remise de l'enfant, est-il dit dans l'article 16, faite à d'autres qu'à des parents ou grands-parents, même quand il est confié en vue d'une adoption ultérieure, ne peut avoir lieu que sous réserve de la tutelle de l'assistance. Toutefois lorsque l'enfant a été confié pendant trois ans à un particulier à titre gratuit, ce dernier, même s'il est âgé de moins de cinquante ans et l'enfant de plus de quinze ans, peut, en obtenant le consentement du conseil de famille, devenir le tuteur officieux de l'enfant. »

Tout en étudiant les différents droits dont se compose la tutelle, nous avons passé en revue les causes qui y mettent fin. La tutelle s'achève en effet par l'émancipation, par la majorité, par le mariage, par la remise de l'enfant à ses parents, par la tutelle officieuse (1).

(1) L'article 16 du décret du 19 janvier 1811 indiquait une autre

Il faut signaler une autre cause qui vient rompre assez fréquemment, en fait sinon en droit, les liens qui rattachent l'enfant à l'administration : c'est l'évasion. Le plus souvent, elle est déterminée par les insinuations de la famille qui est parvenue à découvrir le lieu de placement ; évasion signifie, presque toujours, réintégration dans la famille sans intervention administrative. D'autres fois, des pupilles s'enfuient de la demeure de leurs patrons et vivent dans le vagabondage, quelque temps après, ils se font arrêter, soit pour ce délit, soit pour mendicité ou vol. Une circulaire du garde des sceaux du 6 avril 1893 recommande aux parquets d'aviser le préfet, toutes les fois qu'ils traduisent en justice des pupilles de l'assistance. Prévenue de l'arrestation, l'administration peut exercer sa protection à l'égard de ces enfants, soit en renseignant l'autorité judiciaire sur leurs antécédents, soit en les réclamant pour leur éviter une condamnation, soit en agissant pour les recueillir à l'expiration de leur peine.

Il peut arriver encore que l'enfant ne soit plus sous la tutelle de la commission hospitalière du lieu où il a été recueilli pour être soumis à celle d'une autre commission. C'est le cas de délégation de la tutelle prévu par l'article 2 de la loi du 15 pluviôse an XIII : « Quand l'enfant sortira de l'hospice pour être placé comme ouvrier, serviteur ou

cause de la cessation de la tutelle : « Lesdits enfants, élevés à la charge de l'Etat, sont entièrement à sa disposition ; et quand le ministre de la marine en dispose, la tutelle des commissions administratives cesse. » Cet article n'a jamais été appliqué.

apprenti dans un lieu éloigné de l'hospice où il avait été placé d'abord, la commission de cet hospice pourra, par un simple acte administratif visé du préfet ou du sous-préfet, déférer la tutelle à la commission administrative de l'hospice du lieu le plus voisin de la résidence actuelle de l'enfant. »

CHAPITRE XII

Sommaire. — Démembrement de la tutelle. — Comment sont nés et comment se sont développés les pouvoirs de l'inspecteur départemental. — Inconvénients et avantages de la situation actuelle. — Réforme apportée par le projet de loi de 1892. — Surveillance et autres occupations des inspecteurs. — Décret du 8 mars 1887. — Surveillance des enfants assistés de la Seine. — Comités de patronage. — Maires. — Instituteurs et institutrices.

Les dispositions de la loi du 15 pluviôse an XIII et du décret du 19 janvier 1811, relatives à la tutelle, n'ont été abrogées par aucune loi postérieure.

En fait, cependant, un démembrement s'est produit dans la tutelle des enfants assistés ; les commissions hospitalières, dans la plupart des départements, ont abandonné aux inspecteurs la plus grande partie de leurs droits et on en est arrivé presque partout à établir une distinction qui n'a rien de juridique ; on a imaginé deux tutelles, l'une dite administrative, confiée à l'inspecteur départemental sous l'autorité du préfet, l'autre dite légale, laissée aux commissions hospitalières : l'exercice de la première consiste à placer et à surveiller les pupilles, l'exercice de la seconde à donner ou à refuser le consentement au mariage, à l'émancipation, à l'engagement militaire, etc., et aussi à gérer ou plutôt à faire gérer les biens des pupilles.

Comment s'est donc produite l'évolution que nous constatons ?

Dès le commencement du siècle, les commissions administratives s'occupèrent fort peu de la surveillance des enfants confiés à leur tutelle. L'article 14 du décret du 19 janvier 1811 leur prescrivait de faire « visiter au moins deux fois l'année chaque enfant, soit par un commissaire spécial, soit par les médecins ou chirurgiens vaccinateurs des épidémies. » La circulaire du ministère de l'intérieur du 15 juillet 1811, après avoir rappelé la prescription ci-dessus, dit que « l'établissement de commissaires chargés de visiter les enfants doit avoir lieu dans tous les hospices destinés à les recevoir ».

Ces prescriptions reçurent un commencement d'exécution, mais tant que la dépense qu'entraînait le service de surveillance fut à la charge des hospices, ce service fut mal assuré ; les commissions hospitalières pouvaient difficilement solder des inspecteurs.

L'Etat, par l'article 12 du décret, s'était engagé à contribuer aux dépenses extérieures pour une somme de quatre millions ; mais, à la suite de la gêne dans laquelle les guerres malheureuses de la fin de l'Empire avaient laissé le Trésor, les lois de finances de 1817 et des années suivantes, sans qu'il y ait eu débat des Chambres, transportèrent la charge de l'Etat aux budgets départementaux. Le service commença dès lors à prendre le caractère départemental.

A partir de ce moment, d'année en année, le rôle du département augmentera tandis que décroîtra celui des hospices.

Les départements auraient pu faire les sacrifices nécessaires pour assurer aux commissions hospitalières les auxiliaires qui leur étaient indispensables et les mettre à même de remplir leur mission, conformément aux dispositions du décret de 1811 ; les membres des commissions hospitalières auraient nommé des agents de surveillance, le département, qui payait déjà les mois de nourrice et pensions, les aurait rétribués ; mais cela ne se fit pas ; en 1823, on ne trouve encore que des médecins visitant les enfants à des époques indéterminées.

Mais bientôt l'administration jugea devoir faire exercer elle-même le contrôle par des agents nommés par elle. Cette mesure, prise d'abord dans quelques départements, à titre d'essai, parut promptement devoir être généralisée. Tel fut l'objet de la circulaire du ministre de l'intérieur du 12 mars 1839.

Le ministre expose que cette création d'un inspecteur départemental lui paraît appelée à réaliser beaucoup de bien et qu'il convient de l'étendre à tous les départements : « Je vous invite donc, dit-il, M. le Préfet, à procéder sans retard au choix et à la nomination d'un inspecteur dans votre département, ou, si déjà vous en avez établi un pour le service des enfants trouvés, à comprendre dans ses attributions les hospices, les bureaux de bienfaisance et les divers établissements analogues. Ce n'est là au surplus qu'une extension d'attributions qui ne doit cependant, en

aucune manière, changer le caractère de ces employés,
qui, avant tout, sont institués pour accomplir l'obligation
que le décret du 19 janvier 1811 impose à l'administration
de faire inspecter plusieurs fois par an les enfants trouvés
et abandonnés placés en nourrice ou en pension... Les
inspecteurs départementaux des établissements de bienfaisance auront toujours, j'en suis certain, pour les membres des commissions administratives les égards et la
confiance que j'aime à croire qu'ils trouveront eux-mêmes
auprès des administrateurs... L'inspecteur se rendra souvent dans les lieux où les enfants trouvés ou abandonnés
ont été placés, il s'assurera de leur existence et de leur
identité, il vérifiera si les nourriciers ne remettent pas à
d'autres femmes les nourrissons qu'elles ont obtenus... Il
veillera à ce que les enfants reçoivent toujours les soins
convenables, à ce qu'ils soient vaccinés, à ce qu'ils soient
élevés autant que possible dans des principes de religion
et de morale, et à ce qu'ils n'aient que de bons exemples
sous les yeux. Lorsque les enfants seront plus grands,
l'inspecteur devra encore continuer d'exercer sur eux une
exacte surveillance et s'assurer que les commissions administratives remplissent à leur égard et jusqu'à leur majorité les devoirs que leur imposent les lois et particulièrement celle du 15 pluviôse an XIII. »

La lecture attentive de ce passage y fait découvrir deux
façons contradictoires d'envisager le rôle de l'inspecteur.
Le ministre présente d'abord ce fonctionnaire comme
nommé en exécution du décret de 1811 ; il devrait, dans

ce cas, être l'agent direct des commissions hospitalières,
plus loin, il le présente, au contraire, comme chargé, pour
le compte de l'Etat, de la surveillance de ces mêmes commissions.

Plusieurs années plus tard, dans la circulaire du 30 avril
1856, le ministre de l'intérieur parle d'une manière plus
nette :

« En dehors des commissions hospitalières et sous votre
autorité, écrit-il aux préfets, l'administration supérieure a
pris soin de placer un agent responsable... L'inspecteur
départemental est, auprès des commissions administratives, le représentant de votre autorité. Non seulement il
doit vous éclairer sur l'ensemble et les détails du service
mais il doit aussi veiller à ce que ces commissions remplissent, dans toute leur étendue, les obligations que la
loi leur impose. Dans le cas où, malgré vos recommanda-
tions, la tutelle laisserait encore à désirer, vous devriez
prendre des mesures pour lui en déléguer personnellement
l'exercice ».

Comment le préfet pourrait-il déléguer un pouvoir qu'il
n'a pas? N'est-ce pas à la commission administrative de
l'hospice que la loi de pluviôse an XIII et le décret de 1811
attribuent la tutelle des enfants assistés? La circulaire de
1856 était donc tout à fait en opposition avec les principes
posés par la législation. Mais les faits rendaient ces déro-
gations nécessaires. Les commissions administratives ne
pouvaient suffire à leurs devoirs ; elles négligeaient leurs
attributions les plus importantes et n'intervenaient que

dans les cas spéciaux où leur consentement était absolument nécessaire, parfois même cette intervention s'exerçait tardivement et les intérêts des pupilles se trouvaient compromis (1).

Nous arrivons à l'année 1869 ; le 5 mai est promulguée la loi sur les dépenses du service des enfants assistés. Les hospices sont déchargés définitivement de toutes dépenses, le remboursement des frais de séjour des pupilles leur est assuré. Le service devient entièrement départemental, il n'est plus rattaché à l'hospice que par les dispositions de la loi de pluviôse, lien bien faible et qui le deviendra de plus en plus. L'article 6 et dernier de la loi met à la charge de l'Etat les frais d'inspection et de surveillance. On peut donc prévoir que l'administration centrale, ayant complètement dans la main les inspecteurs départementaux, achèvera de se substituer, par leur intermédiaire, aux commissions hospitalières.

Le ministre, dans la circulaire du 3 août 1869, s'exprime de la façon suivante : « En décidant que les inspecteurs départementaux seraient rétribués sur les fonds de l'Etat, la loi a réalisé un progrès considérable. Peu à peu, la situation de ce personnel tendra à s'améliorer... Ainsi réorganisé, le personnel de l'inspection devra, sous votre autorité, prendre plus activement encore la direction du service. Ses tournées seront plus fréquentes... C'est à lui que seront confiés la recherche et l'engagement des nourrices,

____

(1) Cette situation est longuement exposée dans les documents de l'enquête de 1860.

la préparation et la signature des contrats d'apprentissage,
la réalisation des placements de fonds à la caisse d'épargne, il devra enfin ne demeurer étranger à aucun des détails de la tutelle administrative et vous l'y associerez
étroitement dans les termes et aux conditions prévus par
l'instruction du 30 avril 1856. »

A partir de ce moment, le plus grand nombre des commissions hospitalières se désintéressèrent plus que jamais
de la tutelle des enfants assistés ; plusieurs même allèrent
jusqu'à prendre des délibérations la déférant aux inspecteurs ; elles n'intervinrent plus que dans les circonstances
où l'on ne pouvait pas se passer d'elles : autorisation de
mariage, émancipation d'un pupille, etc,

Quelques départements cependant ont résisté. Le conseil général de la Seine n'a jamais admis que l'inspecteur
prît, contrairement à la loi du 10 janvier 1849, la direction
du service et c'est toujours le directeur de l'Assistance
publique qui a l'exercice de la tutelle.

La situation actuelle présente en effet des inconvénients.
Outre que l'ingérence de l'inspecteur dans l'exercice de la
tutelle est illégale, elle offre encore cette particularité
qui peut être dangereuse : l'inspecteur est à la fois admi-
nistrateur et surveillant, il contrôle sans être contrôlé
efficacement lui-même (1).

(1) L'administration centrale devant laquelle l'inspecteur départemental est responsable, n'est en effet, la plupart du temps, tenue au courant
de son action que par les rapports qu'il lui adresse lui-même. Les inspecteurs généraux de l'assistance publique et les inspectrices générales
des services de l'enfance sont trop peu nombreux (5 inspecteurs géné-

En regard de ces inconvénients, il faut placer les avantages que les enfants ont retirés de cette substitution de l'inspecteur à la commission hospitalière. Recrutement des nourrices, choix des gardiens, soins à donner aux pupilles, envoi à l'école, confection des contrats d'apprentissage, surveillance générale : tout cela est beaucoup mieux accompli depuis que l'inspecteur s'en est chargé. Dans les départements où les commissions sont parvenues à conserver toutes les attributions de la tutelle, sauf la Seine, le service et les enfants en souffrent.

Quoi qu'il en soit, lorsque le conseil supérieur de l'assistance publique s'est réuni pour préparer le projet de loi de 1892, il s'est trouvé en face de la situation que nous venons d'indiquer.

M. Brueyre, rapporteur du projet de loi devant le conseil supérieur, expose les graves considérations que l'on peut faire valoir en faveur de l'adoption du système hospitalier comme base de service. Il insiste sur cette idée que « dans le système hospitalier, il y a un côté sentimental, affectueux, familial qu'on ne saurait retrouver au même degré dans un système purement administratif ». Mais il ajoute :

raux et 4 inspectrices), ont des attributions trop étendues et des circonscriptions trop vastes pour que leur contrôle puisse s'exercer avec toute la perfection nécessaire. Néanmoins, il ne faut pas hésiter à dire que le danger que nous signalons, à titre d'hypothèse, ne se produit pas dans la pratique. Fonctionnaires intelligents et dévoués, les inspecteurs départementaux remplissent partout leur devoir avec le plus grand zèle et témoignent d'une réelle affection pour les enfants. Nous renvoyons, à ce sujet encore, au rapport si instructif et si encourageant de M. Henri Monod.

« S'il est possible de conserver à Paris cette situation satisfaisante, le fait en province est là, brutal comme tous les faits. Le lien qui réunit encore le service à l'hospice n'est plus qu'un lambeau de chair déchirée qu'il faut couper tout à fait puisqu'on ne peut plus le recoudre. Des prescriptions légales n'y suffiraient pas ; de puissants mobiles ont disparu qu'on ne verra plus renaître. C'est pénétré de cette nécessité, et quels que soient nos regrets personnels, que nous proposons dans ce projet de mettre fin à la tutelle hospitalière et de faire rentrer dans le droit commun la tutelle des pupilles de l'assistance. »

On s'occupa alors de donner un nouveau tuteur à l'enfant. L'on pensa d'abord à l'inspecteur départemental, qui est le représentant de l'assistance publique pour l'exécution de la loi du 24 juillet 1889 sur la protection des enfants maltraités ou en danger moral ; mais des membres du conseil supérieur exprimèrent la crainte que quelques-uns de ces inspecteurs n'eussent peut-être pas toute l'autorité nécessaire et le conseil proposa d'investir le préfet de la tutelle avec faculté de délégation à l'inspecteur.

On demanda le maintien de la disposition de la loi du 10 janvier 1849 qui nomme tuteur des enfants assistés de la Seine le directeur de l'Assistance publique de Paris, sous cette réserve qu'un conseil de famille serait établi pour ces pupilles.

Enfin le conseil supérieur proposa une règle spéciale pour le département du Rhône, l'administration des hospices de Lyon étant instituée par une loi spéciale.

Conformément à ces délibérations, le gouvernement rédigea ainsi l'article 9 du projet de loi du 18 février 1892 :

« La protection et la tutelle prévues par la présente loi sont exercées dans le département de la Seine par le directeur de l'assistance publique de Paris, dans le département du Rhône par le président élu du conseil général des hospices de Lyon et par le préfet ou son délégué dans les autres départements. »

Si l'on n'examine que la législation, cet article contient une innovation considérable ; si l'on tient compte du fonctionnement du service, on constate, au contraire, qu'il régularise une situation et met en harmonie les textes et les faits.

Nous avons à peu près tout dit sur le rôle des inspecteurs en faisant l'historique de la substitution de leur autorité à celle des commissions administratives ; en suivant l'enfant en nourrice, en pension et en apprentissage, nous avons eu aussi beaucoup à parler d'eux ; il ne nous reste, pour préciser leur mission, que quelques mots à ajouter.

C'est au moyen de tournées que les inspecteurs vérifient de quelle façon les gardiens s'acquittent de leurs obligations et comment se conduisent les enfants. Les époques des tournées sont fixées par le préfet ; elles ont lieu à des dates indéterminées et toujours inopinément ; il en est fait deux par an en moyenne. L'inspecteur tient le préfet au courant de chacune de ses visites par un rapport spécial. Dans le courant de juillet de chaque année, un rapport général est dressé, qui embrasse l'ensemble du service pendant les douze derniers mois écoulés. Ce rapport est mis sous les yeux des membres du conseil général et transmis au ministre de l'intérieur, avec les observations auxquelles il a donné lieu dans le sein de cette assemblée.

Les inspecteurs ont une trop grande partie de leur temps absorbée par les travaux de correspondance, de tenue de livres, de comptabilité financière ; ils contrôlent les états présentés au préfet par les commissions administratives des hospices, surveillent les paiements à effectuer, contrôlent les états d'émargement et veillent à ce qu'ils soient acquittés dans les délais prescrits. Ces occupations sédentaires ne leur laissent pas toujours la possibilité de faire leurs tournées avec tout le soin qu'il faudrait.

Un décret du 8 mars 1887 règle toutes les conditions de recrutement, d'avancement et d'émolument du personnel de l'inspection. Nous rappellerons seulement que les nominations appartiennent au ministre de l'intérieur et que les frais sont à la charge de l'Etat.

Nous avons eu l'occasion de dire qu'à Paris, le directeur de l'Assistance publique exerce les attributions qui lui sont confiées au moyen d'agents que nomme, sur sa proposition, le préfet de la Seine. Chaque agent réside dans la circonscription où sont placés les pupilles dont la surveillance lui est confiée. Le préfet de la Seine contrôle le service des agents au moyen des inspecteurs nommés par le ministre ; il communique chaque année au conseil général le rapport par lequel le directeur de l'Assistance publique de Paris lui rend le compte moral et administratif de sa gestion et lui soumet ses propositions budgétaires.

Les fonctionnaires chargés de la surveillance des pupilles sont secondés par les comités de patronage et les maires.

C'est la circulaire du 1ᵉʳ avril 1861 qui insiste la première sur l'utilité qu'il y aurait de créer « dans les centres de placement, des comités de patronage chargés de surveiller les pupilles de l'assistance et de renseigner le préfet sur leur situation ».

L'instruction ministérielle du 2 novembre 1862 et, après elle, celle du 3 août 1869 en fixaient la composition : « Le maire, le curé ou desservant, l'instituteur et l'institutrice en sont les membres naturels. Il conviendra aussi d'y appeler une ou deux mères de famille. »

Leur fonctionnement était également réglé par la circulaire de 1862. Ces comités devaient entrer de plein droit en fonctions dès qu'il existait dans la commune un élève de l'hospice. Leurs membres devaient se partager la surveillance des enfants, les visiter fréquemment, s'assurer de l'observation des contrats souscrits par les nourriciers et les patrons, donner aux uns et aux autres les encouragements, les conseils, les avertissements nécessaires et porter à la connaissance du préfet ou de l'inspecteur tout ce qui importait au bien-être des enfants. Leur action devait principalement s'exercer au moment de l'apprentissage afin que l'enfant ne fût pas négligé dans son éducation et n'eût pas non plus à fournir un travail excessif.

C'était l'organisation d'un contrôle permanent, mais ces

comités ont à peu près cessé tout fonctionnement dans la plupart des départements : ces années dernières des tentatives ont été faites pour les organiser à nouveau. Le conseil général de l'Allier, dans sa session d'avril 1894, émet un vœu favorable à leur réorganisation, mais décide que l'ancienne composition en sera modifiée ; ils seront composés dans chaque commune : du maire, président de droit, de l'instituteur et de l'institutrice publics, de deux personnes de l'un et de l'autre sexe nommées par le conseil municipal et, en outre, du juge de paix, dans les chefs-lieux de canton ; le conseiller général et le conseiller d'arrondissement seront membres de droit des comités de toutes les communes du canton.

La même année (1894), dans sa séance du 29 décembre, le conseil général de Paris, sur le rapport présenté au nom de la troisième commission, décida aussi de faire revivre ces comités et d'en organiser immédiatement deux, l'un dans une agence du Centre, l'autre dans une agence du Nord. L'administration donna alors mission aux directeurs des agences de provoquer et de recueillir les adhésions des personnes honorables, sur le dévouement desquelles elle serait en droit de compter, pour exercer sur les enfants une surveillance de chaque jour ; les adhésions furent assez nombreuses pour que la mesure préconisée par le conseil général fût appliquée dès le deuxième semestre de 1895. Elle s'étend aujourd'hui à toutes les agences où des comités de patronage existent et fonctionnent dans les communes les plus importantes. Leurs membres se recrutent parmi les conseillers municipaux, les instituteurs et institutrices et les personnes notables que recommandent leur situation et leur dévouement aux intérêts de l'enfance. Il résulte des rapports des directeurs d'agence que ces nouveaux collaborateurs leur ont déjà rendu de réels services (1).

Lorsqu'un comité de patronage est constitué, le maire y a le rôle prépondérant ; n'y a-t-il pas de comité dans une commune, c'est alors le maire qui a seul la charge de venir en aide à l'inspecteur en surveillant les enfants placés dans cette commune. Ce devoir des maires, en tant que chefs des municipalités, avait déjà été défini par la loi du 28 juin 1793, le décret du 30 ventôse an V et la circulaire du 18 juillet 1811. La circulaire du 8 février 1823 a précisé leurs attributions.

Le maire délivre aux personnes qui désirent prendre en nourrice, en sevrage, en garde, en apprentissage ou en domesticité des élèves de l'assistance, les certificats qui sont exigés d'elles. Il inscrit sur un registre spécial tous les enfants assistés placés dans sa commune. Il veille à ce que les jeunes enfants soient régulièrement envoyés aux écoles maternelles et classes enfantines, s'il en existe dans la commune, et, de 6 ans à 13 ans révolus, aux écoles primaires communales, conformément à la loi du 28 mars 1882. Il vise les états mensuels ou trimestriels fournis à l'assistance par les instituteurs ou institutrices. A l'expira-

(1) Voir de Crisenoy, *Annales des assemblées départementales,* années 1895 et 1896.

tion de chaque trimestre, il délivre les certificats de vie nécessaires à la liquidation des salaires des nourrices et des nourriciers. Il veille à ce que les personnes chargées des enfants s'acquittent en tous points des devoirs qui leur incombent ; il signale au préfet toutes les circonstances qui justifieraient des déplacements. Il doit prendre aussi ses mesures pour que l'enfant ne quitte pas la commune sans l'autorisation de l'administration, et, lorsqu'il n'a pu empêcher son départ, il mentionne au registre tous les renseignements qu'il s'est procurés sur sa nouvelle résidence. Enfin il doit veiller à ce que les décès des enfants assistés soient déclarés immédiatement, il transmet au préfet une copie de l'acte mortuaire ; il s'assure qu'ils sont inhumés avec décence. En cas de mort des nourriciers et patrons, il informe immédiatement le préfet et prend d'urgence les mesures que réclame l'intérêt des enfants.

A propos de l'instruction primaire, nous avons eu l'occasion de signaler le précieux concours que les inspecteurs trouvaient de la part des instituteurs et institutrices. Dans la plupart des communes, ceux-ci s'occupent avec un soin constant des enfants assistés.

CHAPITRE XIII

DU DOMICILE DE SECOURS DES ENFANTS ASSISTÉS.

Sommaire. — Loi du 24 vendémiaire an II ; ses difficultés d'interprétation et ses inconvénients. — Réformes proposées en 1890 et en 1891 par le conseil supérieur de l'assistance publique : domicile de secours national, domicile de secours hospitalier, domicile de secours au lieu de naissance de l'enfant. — Art. 23 du projet de loi du gouvernement. — Pratique suivie dans les départements, à Paris. — Art. 6 de la loi du 15 juillet 1893 sur l'assistance médicale gratuite. — Arrêt du conseil d'Etat du 12 février 1897 ; ses conséquences. — Confusion qui subsiste et nécessité d'une réforme précise.

La matière du domicile de secours est très compliquée. C'est une de celles qui manquent le plus de clarté. Les textes anciens, qui la réglementaient, étaient des plus défectueux et donnaient lieu à de graves inconvénients ; des réformes ont été proposées, les unes prudentes, les autres très hardies au point de vue de leur influence sur les budgets départementaux ; le projet de loi sur les enfants assistés s'est arrêté à un système mixte ; enfin une loi du 15 juillet 1893, relative à l'assistance médicale gratuite et posant de nouvelles règles du domicile de secours, a été jugée applicable aux enfants assistés par un arrêt du conseil d'État du 12 février 1897 et désormais les services d'assistance qui, tout d'abord, pensaient n'avoir pas à tenir compte de cette loi, sont obligés de se conformer à ses dispositions.

Afin de donner une idée nette de la question, nous suivrons l'ordre chronologique.

Les règles du domicile de secours furent posées dans le titre V de la loi du 24 vendémiaire an II. L'article 1er définissait ainsi le domicile de secours : « Le lieu où l'homme nécessiteux a droit aux secours publics. » D'après l'article 2, le lieu de naissance était le lieu naturel du domicile de secours. Ces deux premiers articles ne renfermaient que des principes généraux, applicables à tous ceux en faveur desquels la Convention avait édicté le droit aux secours publics. L'article 3 s'occupait spécialement des enfants : « Le lieu de naissance pour les enfants est le domicile habituel de la mère au moment où ils sont nés. »

En décidant que l'enfant serait considéré comme né là où sa mère aurait son domicile habituel à l'époque de sa naissance, le législateur voulait que le fait seul de l'accouchement de la mère dans une localité, à laquelle rien ne la rattachait, ne pût pas entraîner, pour cette localité, une charge onéreuse et durable. Ainsi, une fille-mère, pour cacher sa faute, venait mettre au monde son enfant dans une grande ville, puis l'y abandonnait à l'hospice dépositaire, l'administration, conformément à la loi du 24 vendémiaire an II, pouvait faire une enquête afin de découvrir le lieu du domicile habituel de cette fille-mère, cela fait, l'enfant était rapatrié sur son « département d'origine », celui-ci devant seul en supporter la charge.

Dans la pratique, de grandes difficultés se produisaient pour déterminer le sens exact de l'expression « domicile habituel de la mère ». La jurisprudence ministérielle fut toujours indécise. Mais ces difficultés n'étaient rien à côté des inconvénients qu'avait, pour les enfants et pour les familles, la recherche du domicile de secours. Pour les enfants, c'était un déplacement regrettable, pour les familles, c'était trop souvent la découverte de secrets douloureux.

Aussi, de tous côtés, réclamait-on la réforme de la loi du 24 vendémiaire an II ; on souhaitait qu'un texte nouveau vînt supprimer la recherche du domicile de secours.

Dans sa session de 1890, le conseil supérieur de l'assistance publique eut à examiner la solution présentée, au nom de sa première section, par M. Brueyre, rapporteur. Voici en quoi elle consistait : on proposait de fixer le domicile de secours de l'enfant trouvé au lieu où il avait été trouvé, ou, si ce lieu était inconnu, à l'hospice où il avait été porté, celui de l'enfant abandonné à son lieu de naissance, celui de l'orphelin pauvre au lieu du domicile de secours de ses parents.

Il y eut une première discussion assez courte. A la session de l'année suivante, 1891, la modification proposée reparut ; elle formait l'article 23 du projet de loi soumis aux études du conseil. Un débat assez long et très important se produisit. Quelques membres du conseil proposèrent d'admettre pour les enfants assistés le domicile de secours national. Ce système fut combattu par le rapporteur et repoussé par le conseil. Il est certain que son résultat forcé serait de rendre le service national, il aurait, au point de vue financier, de redoutables conséquences pour l'Etat.

Le domicile de secours national pour tous les enfants étant écarté, tout le monde était d'avis que le domicile de l'enfant trouvé fût au lieu où il avait été trouvé ou à l'hospice où il avait été porté, mais on ne s'accordait plus au sujet de l'enfant abandonné.

M. le Dr Peyron, alors directeur de l'Assistance publique de Paris, demanda que l'enfant abandonné eût le même domicile de secours que l'enfant trouvé. « Je reconnais, disait-il, que le département de la Seine est de ceux que cette mesure atteindra le plus au point de vue financier. Le département de la Seine fait tous les ans des rapatriements qui lui rapportent de 150 à 170.000 francs, tandis qu'il n'a guère à rembourser aux autres départements qu'une quinzaine de mille francs. Cependant, malgré cet énorme intérêt financier, écoutant les indications du conseil général de la Seine, je demande que le domicile de secours soit à l'hospice où l'enfant a été déposé. »

Le motif qui engageait M. le Dr Peyron à proposer cet amendement était celui-ci : il tenait absolument à assurer le secret à la fille-mère, il ne voulait pas qu'une enquête indiscrète pût aller révéler sa faute dans sa famille et dans sa commune.

Mais ne suffisait-il pas d'adopter l'article proposé par la première section pour que cette conséquence ne fût plus à redouter? Ce qui rendait dangereuses les enquêtes, c'était qu'il s'agissait de rechercher le domicile habituel de la mère. Le lieu de naissance de l'enfant étant, non plus au lieu du domicile habituel de sa mère, mais bien là où, en fait, il est né, les enquêtes dans les communes deviendraient inutiles, il n'y aurait plus qu'une constatation de fait de département à département.

« Ce système, disait M. Brueyre, s'il ne supprime pas l'échange de correspondances de préfet à préfet, fait du moins disparaître toute enquête dans les communes et c'est uniquement dans les bureaux de la préfecture que les renseignements sont groupés et conservés, cela en raison de ce que les dépenses occasionnées par les abandons doivent être supportées uniquement par le budget départemental. Et soyez bien tranquilles, Messieurs, par ce moyen les secrets ne seront pas divulgués, l'administration départementale n'y ayant aucun intérêt. »

La proposition de M. Peyron fut cependant adoptée et l'article 23 du projet du conseil supérieur porta que l'enfant trouvé et l'enfant abandonné auraient leur domicile de secours au lieu où ils auraient été trouvés ou à l'hospice où ils auraient été portés.

Ce système supprimerait même l'échange de correspondance de préfecture à préfecture, mais nous venons de voir que ces relations de département à département ne pourraient avoir, dans le système du domicile de secours au lieu de naissance, aucun inconvénient fâcheux pour la mère ; il rendrait impossible le rapatriement de l'enfant,

ce serait un bon résultat puisque le rapatriement peut
quelquefois être dangereux pour la santé de l'abandonné ;
il aurait surtout pour conséquence de grever lourdement
le budget de certains départements. « Prenez-y garde,
disait encore M. Brueyre, lorsque les départements sauront qu'ils peuvent impunément diriger leurs enfants
abandonnés vers un service richement doté comme celui
de la Seine, ils ne manqueront pas de le faire. Ils les enver-
ront dans les grands centres, où l'admission est plus facile,
afin de ne pas surcharger leur propre budget. »

Dans l'article 42 de son projet, le gouvernement adopta
une rédaction qui concilia les deux systèmes discutés
devant le conseil supérieur. D'après le projet du gouvernement, deux sortes d'enfants ont leur domicile de secours
dans le département où ils ont été portés à un établissement dépositaire ; ce sont : 1° l'enfant trouvé ; 2° l'enfant
recueilli à bureau ouvert, conformément à l'article 7 § 2
du projet, parce qu'il a paru âgé de moins de sept mois et
parce que la personne qui l'a présenté a refusé de faire
connaître le nom, le lieu de la naissance, la date de la
naissance de l'enfant ou de fournir une de ces trois indications. Les autres enfants admis dans le service ont leur
domicile de secours dans le département où ils sont nés.
Par conséquent, tout enfant abandonné, pour lequel l'admission à bureau ouvert ne serait pas obligatoire ou dont
le bulletin de naissance aurait été présenté, n'aurait pas le
domicile de secours hospitalier ; le projet de loi du gouvernement ne fait donc pas, comme celui du conseil supérieur,

une règle générale de ce domicile pour tous les enfants classés dans la catégorie des abandonnés.

Avant comme après la confection de ce projet, voici quelle était la pratique suivie : dans les services de province, où le bureau ouvert ne fonctionne pas, où des renseignements sont demandés à la personne qui effectue l'abandon, les enquêtes étaient toujours faites et l'enfant rapatrié s'il y avait lieu ; à Paris, où le bureau ouvert, avec garantie du secret, fonctionne, les enfants, au sujet desquels aucun renseignement n'était donné, étaient conservés, pour les autres, l'administration avait pour règle constante de ne pas provoquer leur rapatriement, sans s'être au préalable assurée du consentement de la mère.

La loi du 15 juillet 1893 sur l'assistance médicale gratuite pose, dans son titre II, de nouvelles règles du domicile de secours.

Aux termes de l'article 6 de cette loi : « Le domicile de secours s'acquiert : 1° Par une résidence habituelle d'un an dans une commune, postérieurement à la majorité ou à l'émancipation. 2° Par la filiation. — L'enfant a le domicile de secours de son père. Si la mère a survécu au père, ou si l'enfant est un enfant naturel reconnu par sa mère seulement, il a le domicile de sa mère. En cas de séparation de corps ou de divorce des époux, l'enfant légitime partage le domicile de l'époux a qui a été confié le soin de son éducation. 3° Par le mariage... Pour les cas non prévus par le présent article, le domicile de secours est le lieu de la naissance jusqu'à la majorité ou l'émancipation. »

D'après l'article 9 : « Les enfants assistés ont leur domicile de secours dans le département au service duquel ils appartiennent jusqu'à ce qu'ils aient acquis un autre domicile de secours. »

Enfin, l'article 36 de la loi déclare abrogées les dispositions de la loi du 24 vendémiaire an II qui ne pourraient s'accorder avec les prescriptions nouvelles.

L'article 9 fixe le domicile de secours d'un enfant qui appartient déjà à un service départemental. Il pose deux règles à son sujet : 1° c'est le département qui l'a recueilli qui lui doit les soins médicaux, 2° après sa majorité ou son émancipation, il garde son domicile de secours dans ce département jusqu'à ce qu'il en ait acquis un autre.

Mais quel est, d'après la nouvelle loi, le département qui doit accepter la charge de l'enfant ? Cela est réglé par l'article 6 dont la portée ne fut pas d'ailleurs immédiatement reconnue ; jusqu'à ces derniers temps les services d'assistance se conformaient à la loi du 24 vendémiaire an II.

Dans le dernier rapport du directeur de l'Assistance publique de Paris, nous lisons encore que « 300 enfants admis à l'hospice dépositaire de Paris, au cours de l'année 1897, ont été reconnus étrangers au département de la Seine, par application des articles 2 et 3, tit. V, du décret du 24 vendémiaire an II. Sur ces 300 enfants, 237 ont été rapatriés sur leur département d'origine, 26 sont décédés, 23 ont été maintenus dans le service de la Seine à la charge de leur département d'origine, 14 ont été rendus à leurs parents pendant l'instance. »

Mais au cours de cette même année 1897, le 12 février, le conseil d'Etat a rendu un arrêt qui fait application à tous les services d'assistance des dispositions de l'article 6 de la loi du 15 juillet 1893. Il en résulte un changement complet des règles qui ont servi jusqu'ici à déterminer le domicile de secours de l'enfant abandonné. L'enfant naturel non reconnu a désormais son domicile de secours au lieu de sa naissance. L'enfant naturel reconnu ou légitime partage le domicile de secours de ses parents.

« Les nouvelles dispositions, à l'application desquelles la jurisprudence ne semble devoir apporter aucun tempérament, est-il dit dans le rapport du directeur de l'Assistance publique de Paris, sont de nature à causer un préjudice considérable aux finances départementales.

« En effet, la plupart des enfants abandonnés que nous avons pu rapatrier jusqu'à ce jour étaient, soit des enfants naturels non reconnus, nés à Paris, où leurs mères n'étaient venues que pour cacher leur grossesse, soit des enfants légitimes ou naturels reconnus, nés dans les départements, et dont les parents, immigrés à Paris, s'y trouvaient depuis plus d'une année au moment de l'abandon.

« Le département de la Seine devra désormais conserver la charge de ces abandonnés, et, dès maintenant, il est permis de croire que le nombre des enfants dont le rapatriement pourra être obtenu en 1898 ne s'élèvera pas à la moitié du nombre des enfants reconnus étrangers à la Seine pendant les années précédentes.

« En signalant récemment à M. le ministre de l'intérieur

la situation particulière que créait au département de la
Seine l'application rigoureuse des dispositions de la loi de
1893 aux services d'enfants assistés, l'administration l'a
prié de considérer qu'il serait équitable de provoquer l'ad-
dition dans le projet de loi sur le service des enfants assistés, actuellement soumis aux délibérations du Parlement,
d'un texte destiné à sauvegarder les intérêts du service. »

La difficulté à laquelle se heurte toute législation sur le
domicile de secours est dans la conciliation entre l'intérêt
de l'enfant et des familles d'une part, l'intérêt des départements d'autre part. Nous croyons toutefois que ces derniers ne doivent pas hésiter à faire quelques sacrifices afin
d'assurer autant que possible le secret aux filles-mères.
En 1891, les représentants de l'Assistance publique de
Paris demandaient le domicile de secours hospitalier pour
tous les enfants abandonnés, ce système paraissant de nature à trop nuire aux finances de la Seine, le gouvernement
ne l'a adopté que pour les cas où le secret s'impose. La
réforme apportée par la loi du 15 juillet 1893 en ce qui
concerne les enfants naturels non reconnus n'est que la
consécration d'un système qui n'avait soulevé aux sessions
du conseil supérieur qu'une objection : plusieurs ne le
trouvaient pas assez large. Mais nous convenons qu'il est
fâcheux d'imposer à un département la charge d'enfants
légitimes ou naturels reconnus qui n'y sont pas nés, lorsque la question du secret ne se soulève pas. Le tort de la
loi du 15 juillet 1893 est de ne pas fixer un domicile de

secours unique. Cela tient à ce que, faite principalement en vue de l'assistance médicale, elle ne vise qu'indirectement les cas d'abandon d'enfants. On se demande même jusqu'à quel point il était possible d'en faire l'application à l'abandon. Il faudrait qu'un texte sans ambiguïtés vînt régler une matière pour laquelle nous continuons de manquer de dispositions précises.

CONCLUSIONS

Nous avons pris comme point de départ de nos développements historiques sur la situation des enfants délaissés dans l'ancienne France la période féodale ; nous avons suivi les améliorations successives qui furent réalisées jusqu'à la Révolution. Amené ainsi à l'époque actuelle, nous avons essayé de faire un tableau, aussi complet que possible, du fonctionnement de l'assistance publique aux enfants trouvés, abandonnés et orphelins.

De grands progrès ont été faits encore depuis les premières lois révolutionnaires, certains services ont atteint un très haut degré de perfection, mais si l'on examine dans son ensemble l'organisation des secours publics aux enfants privés de famille, il faut reconnaître que de nouveaux perfectionnements sont désirables.

Aujourd'hui, la grande réforme à accomplir est la refonte et la codification de tous les textes épars dont la législation est formée. Il faut abroger les dispositions tombées en désuétude ou devenues inacceptables, maintenir celles qui ont résisté et par là ont montré leur utilité, y ajouter les règles nouvelles qui, imposées par l'expérience, fonctionnent déjà à la satisfaction de tous.

La principale qualité du projet de loi du 18 février 1892 est de mettre d'accord les textes et les faits. Les hommes éminents qui l'ont préparé, dans les séances du conseil supérieur de l'assistance publique, étaient tous au courant des conditions nécessaires à la bonne marche d'un service d'enfants assistés, car, soit comme fonctionnaires de nos principales administrations d'assistance, soit comme préfets ou conseillers généraux, soit comme membres de commissions hospitalières, ils avaient eu à en diriger ou à en surveiller eux-mêmes les différentes parties. Ils possédaient sous leurs yeux, — principalement dans le service de Paris, — d'admirables modèles à imiter. Aussi leur œuvre paraît-elle de nature à opérer un grand bien le jour, que nous voudrions voir prochain, où elle sera adoptée par nos assemblées parlementaires.

Les réformes suivantes nous paraissent dominer toutes les autres en importance et en utilité ; nous ajoutons qu'elles sont urgentes :

L'élévation des salaires permettrait d'éviter l'encombrement dans les hospices qui est une cause de mort pour les jeunes enfants, de désordre pour les plus grands ; avec des salaires plus forts, on recruterait facilement de bonnes nourrices, venant au premier signal et réunissant toutes les conditions de santé et d'aisance que l'on pourrait désirer ; on trouverait de meilleurs gardiens, qui enverraient régulièrement les pupilles à l'école, au lieu de leur imposer des travaux à la maison, aux heures de classe, pour rentrer dans leurs déboursés. La fixation de tarifs minima obligatoires serait le seul moyen de vaincre la résistance de certains conseils généraux (1) ; le paiement de la pension devrait être prolongé partout jusqu'à 13 ans, de manière que le pupille ne soit pas privé de sa dernière année d'école, et placé comme domestique ou apprenti, contrairement aux lois, à un âge où il est encore bien faible.

Il faut faire cesser l'illégalité qui existe depuis trop longtemps dans l'exercice de la tutelle ; il est toujours fâcheux qu'une loi, qui n'a pas cessé d'être en vigueur,

---

(1) Nous ne faisons pas de difficultés pour reconnaître que cette institution de tarifs minima obligatoires est une mesure grave en ce qu'elle augmente les dépenses obligatoires des départements, centralise davantage le service et aggrave le caractère de charité légale qu'il possède déjà. Les adversaires de ce mode d'assistance l'admettent en principe pour les enfants délaissés, mais voudraient que les effets en fussent atténués par l'initiative la plus large, laissée aux conseils généraux, en ce qui concerne le vote des dépenses et la fixation du contingent des communes ; ils estiment que l'intervention du législateur, fixant le taux au-dessous duquel les salaires ne pourront descendre, en outre de l'inconvénient qu'elle aura d'augmenter les charges imposées aux contribuables, aura celui de tendre à donner au service le caractère national. Mais faut-il, pour respecter l'initiative des conseils généraux, admettre qu'ils puissent voter des salaires manifestement insuffisants ? Faut-il sacrifier le bien des enfants, leur santé, leur éducation, à la rigueur de certains principes ? La plupart des économistes consentent à ce qu'il soit fait exception, pour l'enfant délaissé, à la doctrine de l'assistance facultative ; ne faut-il pas, comme conséquence, accorder à l'assistance légale le droit d'employer les moyens nécessaires pour atteindre son but, de se procurer les ressources légitimes ? D'ailleurs, d'après le projet de loi de 1892, des garanties importantes seraient données aux départements : l'établissement des tarifs serait précédé d'une enquête et de l'avis des conseils généraux, ils seraient fixés par zones et révisés à des intervalles rapprochés. Ajoutons que quelques départements, parcimonieux à l'excès, auraient seuls à souffrir de cette mesure et que l'intérêt des contribuables doit céder dans tous les cas devant les besoins de ceux qui souffrent.

soit violée par ceux-là même qui devraient l'appliquer.
Qu'on la modifie, si elle ne correspond plus à des besoins
nouveaux! Des auteurs, très au courant des questions
d'assistance, déplorent les changements qui se sont introduits dans l'organisation de la tutelle et que le projet de
1892 consacre; ils font valoir, et par d'excellents arguments, les avantages qu'il y aurait à rétablir et à fortifier
les droits des commissions administratives au lieu de les
transférer définitivement aux préfets ou aux inspecteurs
départementaux, mais le double fait de l'usurpation des
principales attributions des commissions et de leur propre
abdication ne s'impose-t-il pas au législateur? Nous ne
voulons pas prendre parti au sujet de la question théori-
que, mais vraiment y a-t-il lieu d'espérer qu'en pratique
l'on pourrait modifier une situation qui date déjà d'un
assez grand nombre d'années et, dans ce cas, ne faut-il
pas approuver le conseil supérieur de l'assistance publique
et le gouvernement qui brisent le dernier lien qui atta-
chait les enfants assistés aux hospices et leur donnent un
nouveau tuteur, dans chaque département, dans la personne du préfet?

La guérison morale des pupilles indisciplinés est à peu
près impossible avec les moyens insuffisants dont les administrations disposent; aussi plaçons-nous la création
d'écoles spéciales de réforme au nombre des améliorations
indispensables.

Enfin, constatant que les articles 6 à 9 de la loi du
15 juillet 1893 ont laissé subsister des doutes au sujet du

domicile de secours, puisque, jusqu'à l'arrêt du conseil d'Etat du 12 février 1897, les services d'assistance ont continué à se conformer aux principes posés par la loi du 24 vendémiaire an II, nous croyons à l'utilité d'une intervention du législateur venant fixer, d'une façon simple et précise, les règles du domicile de secours des enfants assistés et nous souhaitons que, dans le texte nouveau, il soit tenu compte de la nécessité d'assurer le secret à la fille-mère et, en même temps, de l'intérêt des finances départementales.

A défaut d'un remaniement complet de toutes les lois votées depuis la Révolution, nous n'hésitons pas à dire que les quelques innovations que nous venons d'indiquer devraient être estimées à un très haut prix et produiraient d'excellents résultats.

Nos grands services d'assistance n'ont pas attendu l'action parlementaire pour adopter les mesures les plus favorables au bien-être de leurs pupilles. Rien n'y est négligé pour trouver à l'enfant de bons placements, pour que son entretien ne laisse rien à désirer; pour que son éducation soit aussi complète que possible. Le conseil général de la Seine n'a pas hésité à s'imposer de grands sacrifices budgétaires pour que les salaires et pensions payés aux nourriciers fussent rémunérateurs, de telle sorte que l'on pût exiger d'eux, à l'égard des enfants, les soins les plus assidus et les meilleurs traitements ; cela n'a pas suffi à son zèle philanthropique : il s'est efforcé de réaliser à l'hospice dépositaire toutes les améliorations de nature à sauver les nouveau-nés chétifs et malades ; les médecins, dans les agences de province, sont tenus de faire des visites assez fréquentes et reçoivent des honoraires assez élevés pour que les enfants placés aient, en cas de maladie, tous les secours que leur état nécessite ; il s'est également préoccupé de la réforme de ses pupilles difficiles ; il a tenté enfin de donner, par le moyen d'écoles professionnelles, une situation meilleure à quelques enfants mieux doués. Ajoutons qu'il a été parfaitement secondé par l'administration de l'Assistance publique de Paris.

Le zèle des conseils généraux et des administrations d'assistance est-il récompensé ? Les nourriciers remplissent-ils vraiment leurs devoirs ? Les pupilles profitent-ils de ce que l'on fait pour eux ? Leur tenue, quand ils sont devenus grands, témoigne-t-elle qu'ils sont reconnaissants de ce que la Société leur a donné ? Répondons affirmativement.

De temps en temps, des publicistes nous décrivent la situation des enfants assistés avec un désolant pessimisme. Ils s'élèveraient, dans les fermes de nos campagnes, exposés aux mauvais traitements de toutes les personnes de la maison, dans les villages, tout le monde les mépriserait. Mal nourris et mal soignés dans leur jeune âge, battus, contraints à un travail au-dessus de leurs forces, ils seraient, devenus grands, jetés sans protection au milieu des difficultés de la vie, les garçons deviendraient de mauvais sujets, les filles, pour lesquelles on n'aurait eu aucun égard, prendraient facilement des habitudes de dé-

bauche. Ce tableau, qui serait tout à fait décourageant, est
heureusement inexact (1). Il résulte des rapports des inspecteurs, — et ceux-ci ne craignent pas de faire des critiques quand il y a lieu, — que les cultivateurs, auxquels
sont confiés les pupilles, les entourent de soins très satisfaisants, les traitent, la plupart du temps, comme leurs
propres enfants ; cette affection se manifestera même, de
la part des gardiens aisés, par des donations, souvent assez
importantes, faites aux élèves de l'assistance.

Les pupilles, de leur côté, aiment leurs nourriciers,
refusent quelquefois de se séparer d'eux, même pour rentrer dans leur propre famille. Leur service militaire ter-
miné, ils s'établissent, le plus souvent, dans la commune
où ils ont été élevés ou dans les localités environnantes,
ils tiennent à ne pas s'éloigner des braves gens qui les

(1) C'est à la suite de critiques de ce genre adressées au service des
enfants assistés que M. Henri Monod, directeur de l'assistance publique
au ministère de l'intérieur, a demandé aux inspecteurs départementaux
des rapports détaillés sur la situation des pupilles dans leurs placements.
Les inspecteurs n'ont eu qu'à exposer ce qu'ils pouvaient constater dans
chacun de leurs départements pour opposer une réponse victorieuse à
des attaques sans fondement sérieux. Ce sont les relations des inspecteurs que M. Monod présente dans le rapport que nous avons souvent
cité, il les place en pleine lumière et développe les conclusions qui en
découlent dans des pages dont on ne peut trop recommander la lecture.
Elles constituent, en effet, à la fois un exposé complet du fonctionnement
du service, un beau monument de gloire élevé aux excellentes popula-
tions de nos campagnes et la preuve la plus forte que la Société n'a pas
à regretter les sacrifices qu'elle s'impose pour venir au secours des enfants sans famille.

ont accueillis ; les mariages entre frères et sœurs d'adoption sont assez fréquents.

Les enfants assistés sont également bien vus par tout le monde ; nulle part les expressions de « trouvés », d' « enfant de l'hospice », de « petit parisien », de « champi » n'ont conservé une signification méprisante.

Comment serait-il possible de dédaigner de jeunes enfants qui ne peuvent inspirer que la pitié et qui, d'une façon générale, méritent, par leur bonne conduite, l'estime de tous. Nous avons vu qu'à l'école il n'était pas rare de les voir donner le bon exemple aux autres enfants ; ils obtiennent, en assez grand nombre, leur certificat d'études primaires ; ils deviennent plus tard de bons et d'honnêtes citoyens.

Ouvriers des champs pour la plupart, à leur sortie de l'école, les garçons, par leur énergie et leur travail, améliorent fréquemment leur situation, ils deviennent fermiers, parfois même petits propriétaires. Ils s'élèvent aussi sous d'autres rapports : dans certaines contrées, — la Nièvre, par exemple, — où l'on rencontre un grand nombre d'enfants assistés devenus hommes, beaucoup sont conseillers municipaux, quelques-uns maires de leur commune.

De leurs rangs peut aussi sortir un héros et nous sommes heureux de terminer cette thèse en citant ces quelques lignes prises dans le rapport du directeur de l'Assistance publique de Paris, qui porte la date du 31 juillet 1897 :

« Parmi les sauveteurs qui se sont signalés lors de la catastrophe du Bazar de la Charité et qui, au péril de leur vie, ont pu arracher à la mort un trop petit nombre de victimes, celui qui a obtenu la plus haute récompense décernée par le gouvernement de la République, la croix de chevalier de la Légion d'honneur, est un ancien enfant assisté de la Seine. »

Vu :

Le Président de la thèse,
RAOUL JAY.

Vu :

Le Doyen,
E. GARSONNET.

Vu et permis d'imprimer :

Le Vice-Recteur de l'Académie de Paris,
GRÉARD.

TABLE DES MATIÈRES

Imp. G. Saint-Aubin et Thevenot. — J. Thevenot, successeur, Saint-Dizier (Hte-Marne)

www.ingramcontent.com/pod-product-compliance
Ingram Content Group UK Ltd.
Pitfield, Milton Keynes, MK11 3LW, UK
UKHW022209120726
13694UKWH00002B/482